Álvaro Siza Cecil Balmond
Frank Barkow & Regine Leibinger
Elizabeth Diller & Ricardo
Scofidio Dorte Mandrup Pierre
Jorge Gonzalez & Judith Haase
Yvonne Farrell & Shelley
McNamara Reinier de Graaf
Santiago Calatrava José Selgas
& Lucía Cano Kjetil Thorsen
Eduardo Souto de Moura Toyo Ito

LETZTLICH SUCHE ICH KLARHEIT

Dreizehn Gespräche mit Architekten

ULTIMATELY I SEARCH FOR CLARITY

Thirteen Conversations with Architects

»Letztlich suche ich Klarheit«, sagt Santiago Calatrava im Interview mit Detail. Doch was versteht der spanisch-schweizerische Architekt und Bauingenieur unter Klarheit? Und inwiefern zeigt sich diese Klarheit in seinen Entwürfen?
Dieses Buch dokumentiert insgesamt 13 Gespräche mit Architektinnen und Architekten aus unterschiedlichen Ländern und Kontinenten. In ihnen geben renommierte Planer und Gestalter Einblick in ihre Arbeitsweisen und Entwurfsansätze. Die Interviews lassen hinter die Fassade der Architektur blicken, sie machen die persönliche Haltung der einzelnen Entwerfer verständlich und konkrete Herausforderungen sowie Lösungsansätze für komplexe Problemstellungen nachvollziehbar. Die Sicht auf die eigene Disziplin kommt dabei ebenso zur Sprache wie Alltagserfahrungen und Überzeugungen, die das Selbstverständnis der einzelnen Architekten prägen.
Die Texte sind eine Auswahl der spannendsten Interviews aus der Zeitschrift Detail, die wir durch weitere Begegnungen und Gespräche ergänzt haben. Auch hier liegt der Fokus mal auf dem Umgang mit Materialien und der lokalen Bautradition, dann wieder auf der Rolle des Bauherrn oder dem Blick auf die Zukunft. Die Fotostrecken zu den Interviews zeigen Referenzprojekte der jeweiligen Architekten und runden den Eindruck der Gespräche ab.

Ihre Redaktion

»Ultimately, I am looking for clarity«, said Santiago Calatrava in his interview with Detail. But what does the Spanish-Swiss architect and civil engineer mean by clarity? And how does this clarity show itself in his designs?

This book documents a total of 13 interviews with architects from different countries and continents, providing insight into the working methods and design approaches of renowned planners and designers. It takes a look behind the facade of architecture by revealing the designers' personal ideas and explaining in a comprehensible way how they handle concrete challenges and come up with solutions for complex problems. The individual architects discuss their own discipline as well as their everyday experiences and the convictions that shape their self-image.

The texts are a selection of the most exciting interviews from Detail magazine, which we have supplemented with additional encounters and conversations. The focus is on approaches to material and local building traditions or on the client's role or on views of the future. The photo spreads around the interviews show reference projects by the respective architects and round off the impressions gained from the interviews.

The editors

Álvaro Siza

Álvaro Siza (geb. 1933) gilt als der Wegbereiter und wichtigste Vertreter der zeitgenössischen portugiesischen Architektur. Er wurde mit den höchsten Architekturpreisen ausgezeichnet, dem Pritzkerpreis 1992 und dem Praemium Imperiale 1998 sowie dem Goldenen Löwen der Biennale Venedig 2012 für das Lebenswerk. Das Interview führte Frank Kaltenbach im Juni 2014 auf dem Vitra Campus in Weil am Rhein.

Born in 1933, Álvaro Siza is regarded as a pioneer and the most important representative of contemporary Portuguese architecture and has received the highest awards of the profession: the Pritzker Prize, 1992, the Praemium Imperiale, 1998, and the Golden Lion of the Biennale in Venice, 2012, for lifetime achievement. Álvaro Siza was interviewed by Frank Kaltenbach in June 2014 on the Vitra Campus in Weil am Rhein.

Frank Kaltenbach Sie blicken heute auf eine jahrzehntelange Karriere zurück. Gibt es ein Gebäude, das Sie heute anders machen würden?
Álvaro Siza Es ist nicht einfach, sich noch einmal auf seine alten Bauten einzulassen. Das Boa-Nova-Teehaus aus dem Jahr 1963 stand viele Jahre leer und wurde durch Vandalismus immer mehr zerstört. Es steht aber unter Denkmalschutz, und schließlich hat sich die Casa da Arquitectura meiner Heimatstadt Matosinhos darum gekümmert und mich angerufen, um es wiederherzurichten. Man kann bei so einem Bau aber nicht einfach ein Detail ändern, ohne dass dies Konsequenzen auf die Gesamtkomposition hätte. Das Haus ist so kohärent gestaltet, dass jede Änderung das Gleichgewicht verschiebt, und da es unter Denkmalschutz steht, darf man es auch nicht ändern, nicht einmal ich. Dieses Frühjahr wurde das Teehaus wiedereröffnet, als Gourmet-Restaurant mit einem Sternekoch.

Passiert es Ihnen oft, dass Sie wegen längst abgeschlossener Bauvorhaben kontaktiert werden?
Einige Projekte dauern Jahrzehnte, wie die Architekturschule von Porto, die wir immer wieder erweitert haben. Vor Kurzem bekam ich einen merkwürdigen Anruf wegen eines Hauses, das ich 1958 entworfen hatte. Vor der Fertigstellung hat mir damals die Stadtverwaltung den Auftrag entzogen und ein anderer Architekt hat es fertiggebaut. Jetzt fragt die Stadt mich, ob sie meinen Teil abreißen darf.

Sie haben Ihre Laufbahn mit Häusern und Wohnungsbauten in Portugal begonnen, inzwischen werden Sie weltweit nachgefragt, ganz unabhängig von der Bauaufgabe. Wie kam das?
Eigentlich wollte ich Bildhauer werden. An der Kunsthochschule, wo ich studiert habe, wurde in den ersten Jahren Malerei, Bildhauerei und Architektur parallel unterrichtet. Dann hat mich die Architektur fasziniert, und ich wollte Museen und andere schöne Dinge bauen. In Portugal gab es aber bis zum Ende der Militärdiktatur 1974 keine Aufträge dieser Art. Und auch in den ersten Jahren danach war das Einzige, was gebraucht wurde, sozialer Wohnungsbau. Zufällig kam es Anfang der 1980er-Jahre auch in den Niederlanden, Belgien und Deutschland zu einer starken Nachfrage nach partizipativen Wohnkonzepten. Man glaubte, ich sei ein Spezialist in diesem Metier und so bin ich auch im Ausland zu Wohnungsbau-Wettbewerben eingeladen worden. Es hat Jahre gedauert, bis ich den ersten Wettbewerb für ein Museum gewonnen habe. Erst seither werde ich mit den unterschiedlichsten Aufgaben beauftragt. Mein erstes Gebäude in China wurde im August dieses Jahres eröffnet – ein skulptural geschwungener Büro- und Seminarkomplex inmitten eines Sees.

Frank Kaltenbach Your career extends over many decades. Looking back, would you have done anything differently in any of your buildings?
Álvaro Siza It's not easy to get back into one's earlier designs again. The Boa Nova Teahouse, dating from 1963, stood empty for many years and grew more and more dilapidated as a result of vandalism. Today, it's a listed building, however, and the Casa da Arquitectura of my home town, Matosinhos, took it in hand and contacted me with a view to restoring it. With structures of that kind, though, you can't just alter a detail without affecting the overall composition. The building is so coherently designed that any change would shift the balance; and since it is listed, no one is allowed to modify it, not even I. The teahouse was reopened this spring as a gourmet restaurant with a starred chef.

Are you often contacted in connection with long-finished building projects?
Some projects go on for decades, like the school of architecture in Oporto, which we have repeatedly extended. Not long ago, I received a strange call about a building I had designed in 1958. Back then, the civic authorities terminated my contract before the project was finished, and a different architect completed the scheme. Now the city was asking me if it may demolish my part of the building.

You began your career with housing design in Portugal. In the meantime, your services are sought after throughout the world, for all types of project. How did that come about?
Originally, I wished to be a sculptor. At the school of art where I studied, painting, sculpture and architecture were taught parallel to each other in the first years. I was fascinated by architecture and wanted to build museums and other beautiful things. But until the end of the military dictatorship in Portugal in 1974, there were no commissions of that kind, and even afterwards, in the early years, the only thing that was required was public housing. Quite by chance, at the beginning of the 1980s, there was a big demand for participatory housing concepts in the Netherlands, Belgium and Germany, too. People believed I was a specialist in this field, and so I was invited to participate in competitions abroad. But it was many years before I won my first competition for a museum. Only since then have I been invited to take part in all sorts of schemes. My first building in China was opened in August this year – a sculpturally curved office and seminar complex in the middle of a lake.

Sie sind bekannt für Ihre unverwechselbaren Skizzen. Ist das Skizzieren in Zeiten von Computerrenderings nicht überflüssig geworden?
Ganz im Gegenteil. Natürlich arbeiten wir in unserem Büro auch mit Computermodellen und Animationen. Aber die Skizze ist viel schneller und unverbindlicher. Ein Computerrendering sieht immer fertig aus, das ist gefährlich, weil man verleitet ist, die Dinge nicht zu Ende zu denken. Wir arbeiten viel lieber mit Modellen, teilweise auch im großen Maßstab, sodass ich den ganzen Kopf hineinstrecken kann, um wie bei der Kirche in Marco de Canaveses die Längswand zu kontrollieren, die am Fußboden gerade ist und sich zur Decke hin immer weiter nach innen wölbt. Beim Museum für die Iberê Camargo Foundation in Brasilien haben wir geometrisch die komplexen Punkte, wo die innere Rampe nach außen tritt, in vielen Varianten gebaut. Auch die Deckenansichten des Mimesis Art Museums in Korea konnten wir viel besser am großen Modell als mit Renderings beurteilen. Bei Projekten im fernen Ausland ersparen große Modelle außerdem so manche anstrengende Reise.

Gerade haben Sie hier auf dem Vitra Campus in Weil am Rhein Ihr neuestes Werk eröffnet, die Álvaro-Siza-Promenade. Inmitten der Bauten von Frank Gehry, Herzog & de Meuron oder Zaha Hadid wirkt ihre Freiraumgestaltung mit Granitblöcken, Hecken und Ziegelmauern sehr subtil, fast unsichtbar. Ist diese Zurückhaltung Ihr Markenzeichen als Stararchitekt?
Ich bin doch kein Stararchitekt! Anfang der 1990er beauftragte mich Rolf Fehlbaum von Vitra mit dem Bau einer Produktionshalle auf dem Campus. Diese ist seit 1994 in Nutzung. Später entwarf ich den Parkplatz des Geländes. Die Promenade ist eine neue Fußwegverbindung vom Parkplatz am VitraHaus zum ehemaligen Feuerwehrhaus von Zaha Hadid. Sie ermöglicht den Besuchern, von der Nordseite des Geländes auf die Südseite zu gelangen, ohne Überschneidungen mit dem Lieferverkehr der Lastwagen. Immerhin kommen zurzeit 800 Besucher pro Tag. In Zukunft wird diese Fußverbindung noch wichtiger. Der Besuchereingang zum Areal wird von den Feldern im Norden auf die Stadtseite nach Süden verlegt werden, wo Herzog & de Meuron gerade einen neuen Showroom am künftigen Eingangsplatz errichten (Anm. d. Red.: Das sogenannte Vitra Schaudepot wurde 2016 fertiggestellt.). Eine neue Tramlinie wird den Campus dann direkt mit dem Bahnhof und der Messe in Basel verbinden. In diesem Zusammenhang ist die Promenade ein kleines Projekt, hier geht es nicht darum, sich selbst zu inszenieren, sondern die Blicke in die Landschaft und auf die bestehenden Bauten zu lenken.

Die Álvaro-Siza-Promenade ist eine begehbare Skulptur. Auch für die Biennale in Venedig 2012 haben Sie eine permanente Rauminstallation zwischen den Bäumen komponiert. Worin liegen die Unterschiede?
Bei beiden Projekten geht es nicht um Gebäude, sondern um sogenannte Follies ohne Raumprogramm in einem Park. Es gibt nicht einmal ein Dach, wo man sich unterstellen kann. Die Leute sollen ruhig nass werden oder die heiße Sonne spüren, das

You're known for your distinctive sketches. Hasn't this sort of representation become redundant in an age of computer rendering?

On the contrary. Of course we work in the office with computer models and animation, too, but a sketch is much more immediate and is less binding. A computer rendering always looks so final, and there's a danger in that of not thinking things out fully. We prefer to work with models, sometimes large-scale ones that I can stick my head into. In the case of the church in Marco de Canaveses, this allowed me to check the long wall that is straight at floor level, but which curves inwards more and more towards the top. For the museum designed for the Iberê Camargo Foundation in Brazil, we built the complex geometric points where the internal ramp goes outside in a number of variations. And we were able to judge the ceiling design for the Mimesis Art Museum in South Korea much better from a large-scale model than from renderings. Particularly in the case of projects in distant countries, big models can save a lot of strenuous travel.

Here, on the Vitra campus in Weil am Rhein, you've just opened your latest work: the Álvaro Siza Promenade. Surrounded by buildings by Frank Gehry, Herzog & de Meuron and Zaha Hadid, your external design, using blocks of granite, hedges and brick walls, has an extremely subtle appearance. It's scarcely perceptible. Is this restraint a distinctive feature of your work as a star architect?

I'm not a star architect. At the beginning of the 1990s, Rolf Fehlbaum from Vitra commissioned me to construct a production hall on the campus. It's been in use since 1994. Later, I designed the parking facilities on site. The promenade is a further stage in the overall concept. It's a new pedestrian link between the parking area next to the Vitra building and the fire station by Zaha Hadid. It allows visitors to walk from the north side of the site to the south side without having to cross routes used by heavy lorries and other delivery vehicles. At present, some 800 people a day pass along it, but this pedestrian link will become even more important in the future. The point of access to the campus for visitors will be shifted from the fields on the northern side to the southern side facing the town, where Herzog & de Meuron are building a showroom at the future entrance area. A new tram line will then directly connect the campus with the station, from where you can reach the trade fair centre in Basle. In this context, the promenade is only a small project. It's not a matter of self-glorification but of focusing people's attention on the landscape and the existing buildings.

The Álvaro Siza Promenade is a sculpture that people can walk along. You have also created a permanent spatial installation between trees for the 2012 Biennale in Venice. What differences are there between the two?

Neither project involved a building. Both of them were »follies« – without a spatial programme – set in a park. There's not even a roof for people to shelter beneath: they should

gehört auch zum Erleben der Natur. Mein Beitrag für die Gärten im Arsenale von Venedig ist eher ein Ort, den man zufällig entdeckt. Erst aus der Nähe bemerken Besucher, dass man zwischen den Wänden hindurchgehen kann. Dort ergeben sich immer neue Beziehungen zwischen den Bäumen, wechseln Innen und Außen, Weite und Enge, Licht und Schatten. Die Wände sind im Farbton der alten umgebenden Häuser gestrichen und werden so zum Teil eines Ensembles. Bei der Promenade in Weil dagegen waren Anfang und Ende des Wegs durch den Bauherrn vorgegeben, es geht um die Inszenierung eines längeren abwechslungsreichen Spaziergangs. Deshalb gibt es immer wieder Bänke, auf denen man sich ausruhen kann: kontemplative Orte im Grünen für ältere Personen wie mich, aber auch Attraktionen, wo Kinder toben können, wie die neue 20 Meter hohe Riesenrutsche Slide Tower des Installationskünstlers Carsten Höller. Sie ist zwar unabhängig von meinen Ideen entstanden, passt aber ideal in dieses Gesamtkonzept. Auch das kleine Aluminiumhaus »Diogene« von Renzo Piano liegt am Wegrand.

Was war Ihre Grundidee für die Promenade?
Ich wollte im kleinen Maßstab ein Dorf schaffen mit Häusern, Straßen, einem Platz und einer Kirche – ein Dorf, das man durchwandern kann. Der erste Teil des Wegs ist eher landschaftlich, also nicht streng linear, sondern betont durch den kurvigen Verlauf den Blick auf die Bauten meiner berühmten Kollegen. Anstelle von Mauern fassen hier Hecken die Außenräume. Im Winter werfen sie die Blätter ab und lösen sich optisch fast auf. Der zweite Teil ist streng axial und wird von massiven Granitblöcken flankiert.

Die »Rückseite« ihrer Werkhalle flankiert nun die Promenade und rückt so ins Rampenlicht.
Genau. Dort, in der Südwest-Ecke des Grundstücks, wo die Promenade die Richtung wechselt, bilden U-förmige Wandscheiben aus Ziegelmauerwerk bzw. aus weißem Granit zwei Plätze mit Sitzbänken, die ineinandergreifen. Sie stehen jeweils am Endpunkt einer Blickachse. Wir wollten dem Bestand etwas hinzufügen, ohne etwas ganz Neues zu schaffen. Deshalb wird einer der Plätze mit portugiesischem Granit eingefasst, wie der Sockel der Werkhalle. Für die Ziegelwände wollten wir exakt die gleiche Oberfläche mit der gleichen Textur verwenden, mit der damals die Hallenfassade bekleidet wurde. Dabei war es gar nicht einfach, bei dem niederländischen Hersteller nach fast 20 Jahren genau denselben Ziegel zu bekommen. Schließlich ließen wir eine ganze Charge neu brennen.

Hätten Sie sich nicht auch vorstellen können, lokale Materialien zu verwenden?
Da bin ich Realist. Wir leben in einer globalisierten Weltwirtschaft. Materialien aus Indien, Brasilien oder China sind oft günstiger. Man darf der Architektur diese wirtschaftliche Globalisierung auch an den Materialien ansehen. Als die Portugiesen im 16. Jahrhundert die Weltmeere bereisten, haben sie die europäische Kultur auch mit Waren aus Übersee bereichert. Der Austausch findet in beide Richtungen statt. Seit einigen Jahren baue ich wie schon erwähnt in Korea und auch in China. Dort setzen wir

simply get wet or feel the heat of the sun. That's part of experiencing nature. My contribution to the gardens in the Arsenal in Venice is more like a place one discovers spontaneously. New relationships develop constantly: between the trees, inside and outside, breadth and constriction, light and shade. In the case of the promenade in Weil, in contrast, the beginning and end of the route were determined by the clients. What was involved here was the staging of a longer, more varied walk. That's why there are benches along the way where people can sit down and rest – contemplative spots in a green environment for older persons like me – as well as attractions where children can romp around. There's also a 20-metre-high giant Slide Tower by the installation artist Carsten Höller. This was created independently of my ideas, but it fits marvellously in the overall concept. The little aluminium house »Diogene« by Renzo Piano stands on this route as well.

What was your basic idea for the promenade?
With the promenade I wanted to create a small-scale village – with houses, streets, a square and a church – through which people could wander. The first part of the route is more landscape oriented; in other words, it's not strictly linear, but characterized by a curving line with views of the buildings by my famous colleagues. Here, the external spaces are defined not by walls but by hedges that lose their leaves in winter and almost dissolve. The second part of the route is strictly axial and is flanked by solid blocks of granite.

The »rear face« of your factory hall marks the line of the promenade and is highlighted in this way.
Exactly. There, in the south-west corner of the site, where the promenade changes direction, U-shaped walls of brick or white granite form two interlocking areas with seating benches. Each of them marks the end of a visual axis. We wanted to add something to the existing development without creating an entirely new element. That's why one of these spaces is flanked by walls of Portuguese granite – like the plinth of the factory hall – and the other by bricks walls. We wanted to have exactly the same surface and texture as that of the hall facade, but almost 20 years later it wasn't easy to obtain precisely the same kind of bricks from the Dutch manufacturer. In the end, we had a whole new batch fired.

Couldn't you have used local materials?
We live in a global economy. Materials from India, Brazil or China are often more reasonable. The materials used in architecture also have to be considered in this context. When the Portuguese sailed the seven seas in the 16th century, they enriched European culture with goods from foreign lands. This exchange also takes place in the opposite direction. For some years, I have been building in South Korea and now in China, where we use German concrete technology to achieve a perfect surface finish.

deutsche Betontechnologie ein, um perfekte Oberflächen zu erhalten.

Im Gegensatz zu vielen Architekten lassen Sie sich nicht auf ein bestimmtes Material festlegen.
Entscheidend sind immer das Umfeld, die Aufgabe und das Budget. Wichtig ist aber auch, welche Materialien und Techniken die Handwerker gut beherrschen. Meine ersten Bauten waren meist weiß verputzt, weil das bei uns Tradition hat. Als in Lissabon das gesamte Stadtviertel Chiado abgebrannt ist, haben wir es wieder mit historischen Fassaden aufgebaut, um die kulturelle Kontinuität zu wahren. Das Galizische Zentrum für zeitgenössische Kunst in Santiago hat Natursteinfassaden, wie die umgebenden Häuser, die Villa in Sintra steht in einem Kiefernwald, also ist die Fassade aus Holz, aber auch die Azulejos, weiße oder bunte Kacheln, haben in Spanien und Portugal eine lange Tradition.

Gibt es Baustoffe, die Sie gar nicht mögen?
Komplett verglaste Gebäude finde ich einfach unsinnig. Sie sind zu hell, heizen sich auf und lassen wenig Spielraum für architektonische Dramaturgie. Dennoch habe ich das Laborgebäude von Novartis in Basel als transparenten Glaskörper gebaut, weil es der Bauherr so wollte. Auch die umfangreiche Anlagentechnik auf dem Dach wollte ich gerne in die Architektur integrieren, aber der restriktive Städtebau von Lampugnani ließ kein weiteres Geschoss zu, jetzt sind die Rohre eben sichtbar wie bei einer Maschine. Beim Laborgebäude für Amore Pacific in Korea habe ich auch große Glasflächen eingesetzt, dort stehen sie aber in einem Spannungsverhältnis zu geschlossenen Kuben mit kleinen augenförmigen Lochfenstern und punktuellen Oberlichtern.

Alle Ihre Bauten zeigen Ihre wiedererkennbare Architektursprache. Welche Rolle spielt der spezielle Ort für Ihre Entwürfe? Unterscheidet sich zum Beispiel der Himmel von Berlin gravierend von dem gleißenden Licht am Mittelmeer oder dem Dunst asiatischer Regionen?
Der entscheidende Unterschied liegt gar nicht so sehr in der jeweiligen Atmosphäre eines Landes oder dem spezifischen Tageslicht. Jedes Land hat seine eigenen Bautraditionen, und über die Jahre oder zumindest die Jahrzehnte hinweg ändern sich Technologien und Baupraktiken, also ändert sich auch die Architektur. In der Nähe von Paris entwarf ich vor vielen Jahren einen sozialen Wohnungsbau. Die Ausführungsqualität war so schlecht, dass ich mich als Architekt davon distanzieren musste. Aber auch bei meinem ersten Wohnbauprojekt in Berlin in den 1980er-Jahren konnten die Details nicht so fein realisiert werden, wie ich es von Portugal gewohnt war. Bauvorschriften zum Wärmeschutz erforderten dickere Profile. Das Gebäude wurde durch den auf die Fassade gesprayten Namen Bonjour Tristesse berühmt. Ganz egal, wo man baut – der wichtigste Beteiligte, um gute Architektur zu schaffen, ist ein qualitätsbewusster Bauherr. Er ist sogar noch wichtiger als der Architekt. Wenn er einen guten Bau wirklich möchte, ist das in fast jedem Land möglich.

In contrast to a lot of architects, you don't use one particular material all the time.
The surrounding environment, the task in hand and the budget are decisive in every case. Also important, though, are the materials and techniques that craftsmen can handle well. The first buildings I erected had, for the most part, a white rendered finish, because that's part of our tradition. When the entire district of Chiado in Lisbon burnt down, we reconstructed it with historical facades to create a sense of cultural continuity. The Galician Centre of Contemporary Art in Santiago de Compostela has stone facades, like those of the neighbouring buildings. The villa in Sintra is situated in a pine forest, so the facade is in wood. On the other hand, azulejos – white or coloured tiles – also have a long tradition in Spain and Portugal.

Are there any materials you don't like?
Fully glazed buildings just don't make sense to me. They are too bright, they heat up and allow little latitude for architectural dramaturgy. Even so, I built the Novartis laboratory in Basle as a transparent glazed volume because that was what the client wanted. I would have liked to integrate the extensive services technology on the roof into the architecture, but the restrictive urban planning regulations of Lampugnani would not permit an additional storey, so the pipework remains visible, rather like those in a machine. In the laboratory building for Amore Pacific in South Korea, I also used large areas of glazing, but there they enter into a dialogue with the closed cubic forms with their small, eye-like window openings and roof lights.

You have your own architectural language, which is recognizable in all your buildings. What role does a special location play in your designs? Are there no major differences, for example, between the sky in Berlin and the brilliant light of the Mediterranean?
The decisive difference lies not so much in the particular atmosphere of a region or the specific daylight quality. Every country has its own construction traditions, but over the years – or decades – technologies and building practices change, and so does the architecture. Many years ago, I designed a public housing scheme near Paris. The quality of the execution was so poor that I had to dissociate myself from it. In my first housing project in Berlin in the 1980s, fine details of the quality I was accustomed to make in Portugal were not possible either. Building regulations relating to thermal protection necessitated thicker cross-sections. The building became known as »Bonjour Tristesse«, which was sprayed on the facade. Wherever you build, the most important person, if you wish to create good architecture, is a quality-conscious client. He's even more important than the architect. If the client really wants a good building, that's possible in virtually all countries.

Was können Sie selbst dazu beitragen, dass Ihre Entwürfe auch hochwertig umgesetzt werden?
Das geht nur durch die Präsenz auf der Baustelle. Lange Flüge strengen mich zunehmend an, dennoch war ich sechsmal auf unserer ersten Baustelle in China, mein Partner ist alle sechs Wochen hingeflogen. Der Bauherr hat das auch von uns erwartet. Das in einem See schwimmende geschwungene Büro- und Seminargebäude soll an einen Drachen erinnern und wurde im August eröffnet. Das Ergebnis zeigt, dass sich dieser Aufwand gelohnt hat. (Anm. d. Red.: Gemeint ist das 2014 fertiggestellte Bürogebäude für Shihlien Chemical Industrial Jiangsu Co.)

Kommen wir zu Ihrem derzeit wichtigsten aktuellen Projekt, das neue Empfangsgebäude der Alhambra in Granada, das gerade in Ihrer Wanderausstellung Visions of the Alhambra an vielen Orten zu sehen ist. Was ist das Besondere an dieser Aufgabe?
Moderne zeitgenössische Architektur kannte ich in den ersten 40 Jahren meines Lebens nur von Fotografien. Die Diktatur dauerte in Portugal bis 1974. Die Alhambra habe ich aber schon als kleiner Junge mit meinem Vater besucht. Die gesamte Anlage fasziniert mich heute noch genauso wie damals. Schauen Sie sich nur den Palast Karls V. an! Man müsste meinen, dass so ein großer Würfel das Gefüge der maurischen Architektur zerstören würde. Aber was ist der Fall? Ohne diesen Palast wäre die Alhambra nicht das, was sie heute ist. Alles passt wunderbar zusammen.

Umso schwieriger muss es doch sein, dort ein großes Volumen zu bauen, ohne diese Harmonie zu beeinträchtigen.
Das Gebäude ist viel größer, als es im Modell aussieht, aber wir bemühen uns, dass es sich so gut wie möglich in die Umgebung einfügt und durch die Ausblicke die Wirkung der Alhambra noch verstärkt. Die wesentliche Herausforderung besteht darin, die Infrastruktur zu ordnen: Die Besucher kommen aus verschiedenen Richtungen mit den unterschiedlichsten Verkehrsmitteln und haben Schwierigkeiten, sich zu orientieren. Trotz des Ansturms von täglich über 8000 Touristen soll die Wartezeit ein sinnliches Erlebnis sein, das auf den Besuch einstimmt.
Die Autos haben wir in einem mehrgeschossigen Parkhaus eingegraben. Darüber halten die Busse direkt vor dem Gebäude. Wir möchten die ankommenden Besucher an einem Ort zusammenführen, an dem das Warten zum Erlebnis wird. Das abschüssige Grundstück nutzen wir für eine terrassierte Gesamtanlage: Alle Besucher treffen von den unterschiedlichen Niveaus im Eingangshof zusammen. Von hier aus geht es auf die Aussichtsplattform mit dem Restaurant, von wo man sich einen Überblick verschaffen kann. Mit langen Rolltreppen gelangt man ein Geschoss tiefer zu den Kassen und in das überdachte Atrium, mit einer Ausstellung zur Alhambra. Das Gebäude ist also wie der Garten der Alhambra, der Generalife, eine künstliche Topografie. Ein wesentlicher Bestandteil des Projekts sind die Bepflanzung und die Wasserflächen, die die Höhenlage genau anzeigen. Das wichtigste ist, dass

What can you do to ensure that your designs are implemented in a qualitative form?
That can be achieved only by being present on site. Long flights are increasingly strenuous for me, but I was on our site in China six times, and my partner flew there every six weeks. The client expected that of us. The curved office building standing in a lake is meant to be reminiscent of a dragon. It was opened in August. The outcome shows that the effort was worthwhile. (Editor's note: the reference here is to the office building for Shihlien Chemical Industrial Jiangsu Co. completed in 2014.)

Let's turn to your most important current project, the new reception building for the Alhambra in Granada, which many people have had an opportunity to see in a touring exhibition.
In the first 40 years of my life, modern state-of-the-art architecture was something I knew about only from photos. In Portugal, the dictatorship lasted until 1974. But I visited the Alhambra as a little boy with my father. I must say the whole complex fascinates me just as much now as it did then. Look at the palace of Charles V: such a large cubic volume must destroy the whole fabric of the Moorish architecture, one would think. But what actually happens? Without this palace, the Alhambra would not be what it is today. Everything fits marvellously together.

All the more difficult, then, to erect a further large volume without spoiling this harmony.
The building is much larger than it seems in the model. We are trying to integrate it in the surroundings as well as possible and to strengthen the effect of the Alhambra through the various views created. The main challenge lies in imposing a certain order on the infrastructure. Visitors approach from various directions using all kinds of transport, and they have problems in orienting themselves. Despite a stream of more than 8,000 tourists a day, the time they spend waiting should be a sensuous experience that attunes them to the actual purpose of their visit.
Cars and coaches are parked in a multistorey structure buried in the ground. Public buses stop immediately outside the building. We want to bring visitors together on arrival in a place where waiting is a pleasurable experience. We exploit the slope of the site to create a terraced ensemble. All visitors, approaching from the various levels, meet in the entrance court. From here, there is access to the viewing platform with a restaurant, where people can obtain an overall picture of things. Long escalators lead down one storey to the box office and the covered atrium with an exhibition about the Alhambra. In that respect, the building is like the Alhambra garden, the Generalife, with an artificial topography. Important elements of the project are the planting and the areas of water, which precisely indicate the actual level. It's also essential that visitors can find their way automatically to the entrance and exit without signs.

die Besucher ganz selbstverständlich zum Eingang und Ausgang finden, ohne Hinweisschilder.

Was ist Ihre architektonische Leitidee für das neue Tor zur Alhambra?
Gemeinsam mit dem jungen Architekten Juan Domingo Santos aus Granada versuchen wir, Elemente der bestehenden Architektur aufzunehmen und überlagern die bewegte Topografie mit einer klaren Geometrie. Wichtig ist der Umgang mit dem Licht, den die Araber so perfekt beherrschen. Unter dem freien Himmel ist das Licht wie ein Meer, dann kommt man ins Halbdunkel und schließlich ins Dunkel, bis sich die Augen wieder adaptiert haben. Die Moderne kennt so einen differenzierten Umgang mit dem Licht nicht, meistens sind die Gebäude zu hell. Dabei gibt es so viele unterschiedliche Qualitäten des Tageslichts. Maximale Transparenz und Aussicht sind nicht immer die richtige Lösung.

Was sind die größten Probleme, mit denen Sie derzeit konfrontiert sind?
Die Immobilienblase hat sehr viel kaputt gemacht. Es wurde viel zu viel, viel zu schnell und viel zu schlecht gebaut. Auch die Bauherren sind nicht mehr so stark wie früher. Selbst bei Wettbewerben und öffentlichen Aufträgen haben Sie als Architekt das Problem, dass das Projekt schlecht wird, nur weil der Bürgermeister schwach ist.

Nun ist ja wegen der Bankenkrise nicht nur in Portugal, sondern auch in Spanien die Baukonjunktur nahezu zum Erliegen gekommen. Glauben Sie, dass Ihr Alhambraprojekt tatsächlich realisiert werden wird?
Da habe ich überhaupt keine Bedenken. Das ist kein Spekulationsprojekt. Die große Anzahl an Besuchern sichert mit den Eintrittsgeldern die Finanzierung, außerdem setzt sich der Bauherr stark für das Projekt ein. Und wie ich schon sagte: Wichtiger als der Architekt ist der Bauherr eines Projekts. (Anm. d. Red.: Diesbezüglich täuschte sich Alvaro Siza leider. The Atrium of Alhambra wurde nicht gebaut.)

What is your architectural concept for the new gateway to the Alhambra?
Together with the young architect Juan Domingo Santos from Granada, we are trying to adopt elements of the existing architecture and to impose a clear geometry on the irregular topography. The treatment of light is an important aspect, too – something the Arabs are masters at. Outdoors, the light is like a sea; then you enter a state of semi-darkness and finally darkness, until your eyes have accustomed themselves to the conditions. Modern architecture is not so conversant with such a nuanced approach to using light. On the whole, buildings are too bright, whereby daylight has so many different qualities. Maximum transparency and views are not always best.

What are the greatest problems you face at present?
The property bubble has done a lot of damage. Far too much has been built too quickly and shoddily. Not even building clients are as strong as they used to be. And even with many competitions and public commissions, the projects are unsound simply because the mayor, or whoever, is weak.

As a result of the banking crisis, the building economy has almost ground to a halt in Portugal and Spain. Do you really believe your Alhambra project will be implemented?
I have no doubts about that. It's not a speculative project. The large numbers of visitors and the entrance fees they pay guarantee the financing of the scheme. What's more, the client is giving it strong backing. And as I said, the client is even more important for a development than the architect. (Editor's note: Regrettably, Alvaro Siza was wrong about that. The Atrium of Alhambra was not built.)

Iberê Camargo Foundation Museum, Porto Alegre (BR) 2008, with Carlos Castanheira

Iberê Camargo Foundation Museum, Porto Alegre (BR) 2008, with Carlos Castanheira

Álvaro Siza

House in Mallorca (ES) 2008

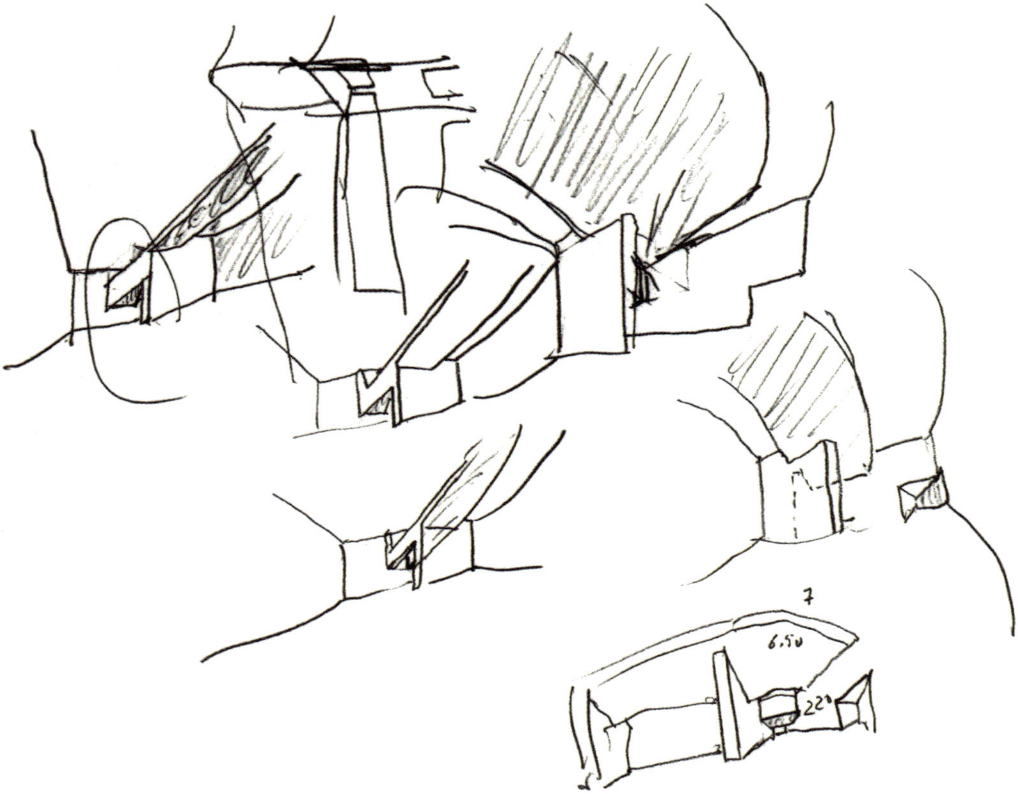

Mimesis Art Museum, Paju Book City (KR) 2010, with Carlos Castanheira & Jun Sung Kim

Saint-Jacques de la Lande, Rennes (FR) 2018

Cecil Balmond

Cecil Balmond ist Ingenieur, Architekt, Designer, Künstler und Buchautor. Nach langjähriger Tätigkeit in leitender Position bei Arup, wo er 2000 die Entwurfs- und Forschungsgruppe Advanced Geometry Unit (AGU) gründete, leitet er seit 2011 sein eigenes multidisziplinäres Büro für Forschungs- und Entwurfsberatung Balmond Studio mit Standorten in London, Porto und Sri Lanka. Das Interview mit Cecil Balmond führte Andreas Gabriel Ende 2017 in London.

Cecil Balmond is an engineer, architect, designer, artist and author. After working for many years in a leading position with Arup, where he founded the Advanced Geometry Unit (AGU) in 2000, he has headed his own multidisciplinary research and design consultancy Balmond Studio with offices in London, Porto and Sri Lanka since 2011. Andreas Gabriel interviewed Cecil Balmond at the end of 2017 in London.

Andreas Gabriel Bei der Vielfalt Ihrer Arbeit fragt man sich, ob Sie eher Ingenieur, Künstler oder Wissenschaftler sind. Wie würden Sie sich selbst bezeichnen?
Cecil Balmond Ich war an vielen architektonisch spannenden Gebäuden beteiligt, und meine Rolle dabei entsprach nicht dem üblichen Ingenieursbild. Traditionell beginnt der Architekt mit der Planung und dann folgt der Ingenieur. Bei mir war das meist anders. Die Zusammenarbeit mit Architekten wie Rem Koolhaas, Toyo Ito oder Álvaro Siza funktionierte deshalb so gut, weil ich meine Ideen von Anfang an genauso einbringen konnte wie sie selbst. Ein »Label« für meine Rolle habe ich nicht. Am wichtigsten ist es, die eigene Persönlichkeit einzubringen. Dazu kommt eine künstlerische Denkweise, dann die Professionalität und erst zuletzt die Rolle als Experte. Zu Beginn meiner Karriere dachte ich noch wie ein Ingenieur und fragte mich als erstes, wie die Tragstruktur aussieht, aber jetzt, zwanzig Jahre später, ist dies meine letzte Frage. Mein künstlerischer und musikalischer Hintergrund hat mich zu einem offeneren Denken geführt, und seither suche ich bei allen Aufgaben zunächst nach dem Poetischen hinter den Dingen.

Was kennzeichnet Ihre Arbeitsweise und ab wann kommt dabei das Material ins Spiel?
Zunächst suche ich nach einer strukturellen Gliederung des räumlichen Aktionsfelds. Bei der Planung des Serpentine-Pavillons mit Toyo Ito etwa begannen wir mit der Vorstellung einer Box, und Ito wollte zunächst eine interessante Linienführung mit wenigen Stützen. Ich war jedoch nicht an einem klassisch modernen Ansatz interessiert und überlegte, was im Park vorzufinden war. Ich sah all die Leute umhergehen und erkannte dabei eine Reihe von Linien, die den Hyde Park durchziehen. Dieses Muster verdichtete ich, was zum Ausdruck höherer Geschwindigkeit führte. Die vielen Kreuzungspunkte lassen das Auge hin und herspringen und statt einer genau begrenzten Box entsteht so ein unbegrenzter Raum. Die Funktion schiebe ich zunächst meist beiseite und suche nach einer Metapher. Daraus entsteht dann oft ein abstraktes Konzept. Erst dann denke ich an Maßstab und Materialität, und der Ingenieur in mir wird aktiv. Je nach Material führt das dann zu einer bestimmten Konfiguration und zu geeigneten Verbindungen. Nachdem ich beim Serpentine-Pavillon erkannt hatte, dass ich nur die Ecken des zweidimensionalen Musters aufschneiden und das Ganze falten muss und der Pavillon damit so gut wie fertig ist, drehte sich alles um die Frage, wie all diese sich kreuzenden Linien hergestellt werden sollten.

Wann fiel die Entscheidung, Stahl und Glas einzusetzen?
Wir hatten ein begrenztes Budget, und ich dachte zunächst an eine Bekleidung mit Kunststofffolien, dann fand sich jedoch ein Sponsor für Glas. Für die Tragstruktur hatte ich schon früh Stahl im Auge, es waren

Andreas Gabriel Your work is so diverse that people must wonder whether you are an engineer, artist or scientist. How would you describe yourself?
Cecil Balmond I have been involved in many architecturally exciting buildings, and my role in them has not reflected the normal image of an engineer. Traditionally the architect starts the design and is followed by the engineer. With me it's usually different. That's why cooperating with architects such as Rem Koolhaas, Toyo Ito or Alvaro Siza has worked so well: because I've been able to introduce my ideas from the very beginning, just like them. I don't have a »label« for my role. It's most important to bring your own personality to the table. Secondly, you must have an artistic way of thinking, followed by professionalism and finally there is your role as an expert. At the beginning of my career, I still had an engineer's mindset and my first thoughts were about how the loadbearing structure would look, but now – 20 years later – that would be my very last question. My artistic and musical background has given me an open mind and I look first for the poetic in what there is.

What characterises your way of working and when does the material come into play?
First I try to structurally articulate the spatial field of intervention. In the design of the Serpentine Pavilion with Toyo Ito, we began with the idea of a box and Ito first wanted an attractive linearity with few columns. However, I was not interested in a traditional modern approach and thought over what was already to be found in Hyde Park. I saw all the people going here and there and recognised a series of lines that crossed and recrossed the park. I condensed this pattern, which led to an impression of increased speed. The many intersections caused the eye to jump from one to another, and, instead of the precisely limited box, we had created an unlimited space. I usually place function to one side at that point and search for a metaphor. Out of this often emerges an abstract concept. Only then do I think about scale and materiality and the engineer in me awakes. Depending on the material, this then leads to a specific configuration and the appropriate connections. In the case of the Serpentine Pavilion, once I had recognised that I had only to cut off the corners of the two-dimensional pattern and fold the whole thing up for the pavilion to be as good as done, it then became all about how to fabricate these intersecting lines.

When was the decision made to use steel and glass?
We had a limited budget. I first considered a synthetic foil cladding but subsequently found a sponsor for glass. For the loadbearing structure, I had been considering steel from an early stage, but there was the question of how to deal with the sometimes very complicated intersections. An important decision was to allow the axes of the plates, which were of different thicknesses, to run through. I specified the precise details of the

jedoch teils sehr komplizierte Kreuzungspunkte zu lösen. Eine wichtige Entscheidung war, die Achsen der unterschiedlich dicken Bleche durchlaufen zu lassen. Den Schweißprozess stimmte ich mit den Facharbeitern genau ab. Da ich selbst schon Schweißarbeiten ausgeführt habe, konnte ich die Verformung der Struktur beim Schweißen gut einschätzen.

Welche Projekte sehen Sie, neben dem Serpentine-Pavillon, als Meilensteine Ihrer Arbeit?
Auf gewisse Weise sind mir gerade die nicht gebauten Projekte wichtig, wie der Seehafen in Seebrügge, die Bordeaux-Villa mit Kohlhaas oder das Projekt für die Bibliothek des ZKM in Karlsruhe. Unter den realisierten Bauten kommt, neben dem Serpentine-Pavillon, unserer Brücke in Coimbra eine Schlüsselrolle zu. Mit ihrem seitlichen Versatz und dem gefalteten Geländer stellt sie die übliche Vorstellung einer Brücke grundsätzlich infrage. Das Stadion in Chemnitz mit Kulka Königs Architekten steht für unsere ersten digitalen Experimente. Auch das radikale Konzept für das Institute of the Pen in Saudi-Arabien spielt eine wichtige Rolle: 80 Meter Spannweite ohne jede Stütze, mit gegeneinander verdrehten Decken, um Steifigkeit zu gewinnen. Die fraktale Geometrie der Struktur ist hochorganisiert in einer Weise, die wir immer noch nicht vollständig verstehen können. Die poetische Wirkung solcher Geheimnisse versuche ich, in meine Arbeit zu integrieren.

Nach langer Bauzeit wurde 2016 das National Taichung Theater von Toyo Ito eröffnet, an dessen Konzept Sie beteiligt waren. Entspricht das Ergebnis Ihren anfänglichen Zielen?
Leider konnte ich den fertigen Bau noch nicht besuchen, würde aber gerne sehen, wie die Decken ausgeführt sind, darüber gab es viele Diskussionen. Es ist das erste Gebäude mit solch einer schwammartigen Struktur, das völlig ohne Stützen, Träger oder Wände auskommt. Hier ein normales Raumprogramm einzufügen, ist natürlich nicht einfach. Insgesamt scheint das Ergebnis aber unseren Absichten zu entsprechen.

Konnte die raumbildende Tragstruktur angemessen umgesetzt werden oder hätte man bestimmte Dinge anders lösen sollen?
Die Umsetzung war sehr schwierig, es gab finanzielle Engpässe und Probleme mit den ausführenden Unternehmen. Das war auch der Grund für einen fünfjährigen Baustopp. Der Bauprozess der Katenoide, einer räumlichen Struktur aus Minimalflächen, war also sehr unbefriedigend und langsam. Die Ausführung erfolgte in Spritzbeton ohne äußere Schalung. Die massive Konstruktion mit innenliegendem Stahlfachwerk ist dadurch recht schwer. In einem hochentwickelten Umfeld wie in Europa oder Japan hätten wir eine bessere Betontechnologie einsetzen und die Struktur vorspannen können. Vor etwa sieben Jahren hatten wir auch eine japanische Firma soweit, dies auszuführen. In Taiwan wollte man jedoch kein Unternehmen aus Japan, das war eine politische Entscheidung der staatlichen Auftraggeber. Architektur ist eben nicht frei von örtlichen Produktionsbedingungen und Materialqualitäten. Ich war daher froh, dass die

welding process in conjunction with the welders. Because I has already done some welding projects myself, I could estimate reasonably well how the structure would deform due to welding.

As well as the Serpentine Pavilion, which other projects do you see as milestones in your work?
In certain ways, the projects that remained unbuilt are important to me, such as the harbour in Zeebrugge or the Bordeaux villa with Koolhaas or the project for the ZKM library in Karlsruhe. Among the completed projects, as well as the Serpentine Pavilion, I would say our bridge in Coimbra was a key project. With its lateral offset and zig-zagging railings, it questions conventional notions of how a bridge should look. The stadium in Chemnitz with Kulka Königs Architekten is included as our first digital experiment. The radical concept for the Institute of the Pen in Saudi Arabia plays an important role: 80 m span clear of any supports, with ceilings twisted about one another to gain stiffness. The fractal geometry of the structure is highly organised in a way that we still cannot quite fully understand. I have sought to integrate the poetic effect of such secrets into my work.

Based on a concept in which you played a significant part, the National Taichung Theater in Taiwan by Toyo Ito opened in 2016 after a long period of construction. Does the final result correspond with your aims at the start?
Unfortunately, I've not been able to visit the finished building yet, but I would really like to see how the ceilings, about which we had many discussions, were finally realised. It is the first building to have a spongiform structure of this type and is completely without columns, beams or walls. Introducing a normal space allocation plan into this kind of structure is, of course, not easy. However, the overall result corresponds with our aims.

In terms of construction do you think the loadbearing structure you developed for the Taichung Theater has been realised adequately, or should anything have been done differently?
Implementation was very difficult, there were financial squeezes and problems with the contractors. That was also why construction was stopped for five years. Building the catenary, a spatial structure of minimal surfaces, was therefore very unsatisfactory and slow. It was made using sprayed concrete without external formwork. The mass concrete structure with internal steel post and rail frames is therefore quite heavy. In a highly developed construction industry environment such as you find in Europe or Japan, we would have used better concrete technology and been able to prestress the structure. About seven years ago, we had a Japanese firm prepared to do it, but the Taiwanese did not want to use a Japanese company. That was a political decision made by the public-sector client. Architecture cannot break free of the constraints of the material

komplexe Struktur schließlich doch noch fertiggestellt werden konnte.

Wie unterscheiden sich die Schwerpunkte Ihres eigenen Büros, Balmond Studio, von Ihrer früheren Tätigkeit bei Arup?
Inzwischen erbringe ich kaum mehr reine Ingenieurleistungen, sondern bearbeite überwiegend Architektur- und Kunstprojekte. Die Ingenieursarbeit vergeben wir meist an andere, teils auch an ehemalige Mitarbeiter der Advanced Geometry Unit (AGU) bei Arup. Auf gewisse Weise vermisse ich das große Netzwerk, aber nachdem ich Arup verlassen hatte, haben mich viele Leute kontaktiert, um meine Arbeit und die Weiterentwicklung der Ideen der AGU zu unterstützen. Und Forschungsarbeit, wie wir sie hier betreiben, hätte ich vorher so nicht machen können. Zudem sind Kunstprojekte zum Aufgabenspektrum hinzugekommen. Mit insgesamt 80 Mitarbeitern in London, Porto und Sri Lanka, darunter etwa 30 Architekten und 50 Ingenieure, arbeiten wir als umfassend multidisziplinäres Büro hauptsächlich an Entwurfsaufgaben. Die Ingenieursleistung gehört aber auch dazu, und wir sind zudem als Projektmanager tätig. Speziell in Asien wollen viele Auftraggeber alles aus einer Hand. Dabei trägt mein Ingenieursbackground natürlich zum Vertrauen bei.

Profitieren Ihre Projekte von Ihren theoretischen Arbeiten und Büchern wie »No. 9«, »informal« oder »Crossover«?
Die Bücher sind genauso meine Projekte wie die Bauten. Sie dienen als Fallstudien und zur Protokollierung der Projekte und sind weitgehend in der Rückschau geschrieben. Zugleich jedoch befreit man durch das Schreiben das eigene Denken und davon profitieren die Folgeprojekte. Projekte wie die Weave Bridge in Philadelphia, die als bloße Spirale im Raum ohne Träger auskommt, entstehen vor dem Hintergrund der Forschungsarbeit und der Gedanken, die in den Büchern stecken. Dinge miteinander zu verknüpfen und in Dialog treten zu lassen, ist die Grundlage von »informal« und meiner gesamten Arbeit. Auch meine Kunstprojekte, wie die 9 Meter hohe Lichtskulptur Snow Words in Anchorage sind von den theoretischen Ansätzen meiner Arbeit geprägt. Momentan arbeiten wir an einem Buch über ein Forschungsprojekt, das zu einer faszinierenden Vielfalt an durch Algorithmen generierten Formen geführt hat. Diese entstammen alle demselben Datensatz und erinnern an die Untersuchungen des deutschen Naturforschers Erich Häckel. Je nachdem, ob man feste Verbindungen vorgibt oder nicht, entstehen pflanzliche Formen oder Kristallstrukturen.

Planen Sie, diese auch in gebaute Strukturen umzusetzen?
Zunächst ging es um reine Forschungsarbeit. Wir fanden jedoch auch Strukturen, die man als Tragstrukturen in Gebäuden oder als experimentell entwickelte architektonische Formen für Hochhäuser einsetzen könnte. Wir haben bereits Überlegungen für ein Bürohochhaus mit einer dreidimensionalen tragenden Fassadenstruktur angestellt.

and the conditions of production. I was therefore happy that the complex structure could finally be finished.

How do you differentiate the focuses of your own office, Balmond Studio, from your earlier work at Arup?
Nowadays I do hardly any engineering: I work predominantly on architectural and art projects. We usually award the engineering work to others, sometimes to former employees of the Advanced Geometry Unit (AGU) at Arup. I miss the big network in certain ways, many people have contacted me to support my work and the further development of the ideas of the AGU but since I left Arup. And previously I would never have been able to do the kind of research we carry out here. The art projects are something else that can be added to our scope of work. With a total of 80 employees in London, Porto and Sri Lanka, of whom about 30 are architects and 50 engineers, we work as a completely multidisciplinary office, mainly on design projects. We still do engineering of course, and we also act as project managers. Many clients want services supplied by a single company, especially in Asia. My engineering background, of course, contributes to gaining their trust.

Do your projects benefit from your theoretical work and books such as Number 9, informal or Crossover?
The books are just as much my projects as the buildings. They are case studies and records of projects, mostly describing them in retrospect. At the same time, however, I am liberated by writing down my thoughts, from which subsequent projects benefit. Projects such as the Weave Bridge in Philadelphia, which is a bare spiral in space without beams, was created against the background of research and the thoughts expressed in the books. Linking things together and allowing them to enter into dialogue are the foundations of »informal« and of my entire work. So my art projects, such as the 9-metre-high light sculpture »Snow Words« in Anchorage are heavily influenced by the theoretical approaches of my work. At the moment, we are working on a book about a research that has led to a fascinating variety of algorithmically generated forms. These all stem from the same dataset and are reminiscent of the studies performed by the German natural science researcher Erich Häckel. Organic shapes or crystal structures are formed, depending on whether you specify fixed connections or not.

Do you plan to bring any of these into reality in built form?
Initially it's all pure research. However, we also found structures that could be used as loadbearing structures in buildings or as experimentally developed architectural forms for high-rises. We have already submitted our ideas for an office high-rise with a three-dimensional load-bearing facade.

Ist die Natur eine Inspirationsquelle für Sie?
Ja, sicher. Mein Buch »Element« befasst sich mit der Natur und unserem Wesen als Bestandteil der Natur. Meine Inspirationsquellen sind jedoch zuallererst die Musik und die Mathematik in ihrer reinen Form, da beide einen hohen Abstraktionsgrad aufweisen. Bei der Musik fasziniert mich, wie sich die Wirkung derselben harmonischen Form mit einem Wechsel der Tonart verändert. Mathematik ist noch reiner, lässt weniger Interpretation zu. Dabei vermittelt die Arithmetik zwischen Algebra und Geometrie. Die Geometrie ist nicht unveränderlich, in ihr wird lediglich die Algebra wahrnehmbar, eingefroren in einem bestimmten Moment. Form dagegen entsteht aus bestimmten Gelegenheiten heraus. Ich glaube nicht an den Leitspruch der Moderne »form follows function«. Betrachtet man etwa die molekulare Form der DNA – ihre Doppelhelix ist eine perfekte Struktur – entsteht diese aufgrund bestimmter Bindungsfähigkeiten der beteiligten Proteine. Eine aufkeimende Form findet die Gelegenheit, sich weiter auszuformen und verfeinert sich in Rückkoppelung mit ihrer Funktion immer weiter.

Was sind Ihre wichtigsten Arbeitswerkzeuge?
Vor allem Stift und Papier. Das ist essenziell, damit zeichne ich die ersten abstrakten Diagramme. Ich beginne immer damit, von Hand zu zeichnen, keine genauen Zeichnungen, sondern Abstraktionen. Die erste Zeichnung des Serpentine-Pavillons bestand nur aus ein paar Linien, aber so etwas leitet das Denken in eine bestimmte Richtung. Keine meiner Arbeiten hat anders begonnen. Als nächstes Werkzeug kommt natürlich der Computer, oder besser gesagt die Algorithmen.

Wie hat sich die Beziehung von Struktur und Form in den letzten Jahrzehnten verändert?
Das Konzept der Modularität ist tot, es macht aus ökonomischer und struktureller Sicht keinerlei Sinn mehr. Je mehr sich Technologien wie Roboterfertigung oder 3D-Druck entwickeln, desto weniger sinnvoll ist die ständige Wiederholung eines Moduls. Auch Algorithmen sind repetitiv, aber auf einer neuen, höheren Abstraktionsstufe. Elemente wie Mauersteine wird es noch lange geben. Die Fertigungstechnik kann sich jedoch soweit ändern, dass die Ziegelei nicht immer denselben Stein produziert, sondern anpassbare Produktionsplattformen unterschiedliche Formen ermöglichen. Natürlich verwenden auch wir immer noch Stahlprofile oder Beton, setzen diese jedoch anders ein, was Anordnung und Geometrie betrifft. Die Produktionsmöglichkeiten sind jedenfalls viel flexibler geworden.

Sie arbeiten im Schnittbereich von Kunst und Wissenschaft. Welcher Bereich profitiert dabei eher vom anderen?
Mein Gespür für das Künstlerische unterstützt zunächst die wissenschaftliche Arbeit, aber die Arbeitsbereiche beeinflussen sich natürlich gegenseitig. Nach Gründung des Instituts für nichtlineare Studien (NSO) am Institute of Technology in Pennsylvania erklärte ich meinen Studenten, dass Wissenschaft Strenge und Präzision besitzt,

Is nature a source of inspiration for you?
Yes, of course. My book Element deals with nature and our being as part of nature. My main sources of inspiration are, however, music and mathematics in its pure form, because both exhibit a high degree of abstraction. With music, I am fascinated by how the effect of the same harmonic form changes with a change of key. Mathematics is even purer, and allows less interpretation. Arithmetic mediates between algebra and geometry. Geometry is not unchanging, algebra is only perceivable in it, frozen at a particular moment in time. On the other hand, form arises from specific opportunities. I don't believe in the modern maxim »Form follows function«. The molecular shape of DNA – its double helix is a perfect structure – arises from a particular bonding capacity of the constituent proteins. A nascent form finds further opportunity to continue to shape and refine itself with feedback from its function.

What are your most important working tools?
Primarily pencil and paper. They are essential for me to sketch my first abstract drawings. I always begin by drawing by hand, not accurate drawings, merely abstractions. The first drawing of the Serpentine Pavilion consisted of just a few lines, but this was enough to lead my thoughts in a particular direction. None of my work has begun in any other way. My next tool is of course the computer, or better said – the algorithms.

How has the relationship between structure and form changed in the last few decades?
The concept of modularity is dead: it no longer makes any economic or structural sense. The more technologies such as automated manufacturing or 3D printing develop, the less sense it makes to continuouly repeat a module. Algorithms are certainly repetitive, but on a new, higher level of abstraction. Elements such as masonry blocks will be here for a long time. Their manufacturing technology, however, is capable of change in as far as the masonry unit manufacturer does not always produce the same block, but can produce different shapes from adjustable production platforms. Of course, we will always turn to steel profiles or concrete, but use them in different ways in terms of their arrangement and geometry, and the production possibilities are in every case much more flexible today.

You work in the area where art and science overlap. Which discipline benefits more from the other?
My feel for the artistic first supports my scientific work, but the fields of work influence each other, of course. After founding the Non-Linear Systems Organization (NSO) at the Institute of Technology in Pennsylvania, I explained to my students that science has a rigour, but not the power to synthesise that architecture can have. Architects, on the other hand, often lack the precise knowledge they need, particularly today, when materials, technology and environmental sciences are developing at such a pace.

aber nicht die Kraft zur Synthese, wie sie Architektur haben kann. Architekten dagegen fehlt oft das präzise Wissen, das sie besonders heutzutage benötigen, wo sich Materialien, Technologie und Umweltwissenschaften so rasant entwickeln.

Könnte ein Ingenieur mit ausreichend offenem Denken der bessere Architekt sein? Kaum, es gibt zwar viele gute Ingenieure, und die besten haben vielleicht einen besseren Sinn für Raum und Konfiguration als mancher Architekt, aber sie besitzen nicht unbedingt die Sensibilität eines guten Architekten, der andere Dinge in den räumlichen Volumen wahrnimmt. Natürlich gibt es Menschen, die beides vereinen. Manche Architekten haben gute Ideen zum Tragsystem, ohne genau zu wissen, wie man diese umsetzt. Aber eher kann ein begnadeter Ingenieur die Architektur beeinflussen als ein begnadeter Architekt die Ingenieurskunst.

Could an engineer with a sufficiently open mind be the better architect?
Hardly. There are certainly many good engineers and the best of them perhaps have a better sense of space and configuration than some architects, but they certainly do not possess the sensitivity of a good architect, who perceives other things in the spatial volume. Naturally there are people who combine both. Some architects have good ideas about loadbearing systems without knowing exactly how to implement them. However, an enlightened engineer is more likely to be able to influence the architecture than an enlightened architect the engineering.

Serpentine Gallery Pavilion, London (UK) 2002, Architect: Toyo Ito

Weave Bridge, Pennsylvania (US) 2009

National Taichung Theater, Taichung (TW) 2016, Architect: Toyo Ito

Frank Barkow & Regine Leibinger

Barkow Leibinger gehören zu den wenigen Architekturbüros, die ihre internationale Bekanntheit zu einem großen Teil Gebäuden für die Industrie verdanken. Das Tätigkeitspektrum von Frank Barkow und Regine Leibinger erstreckt sich von experimentellen Materialstudien über Bürogebäude und öffentliche Bauten bis hin zum »Soft Masterplanning« bei der Entwicklung von Stadtquartieren. Mit den Architekten sprach Frank Kaltenbach Ende 2014 in Berlin.

Barkow Leibinger is one of the few architectural practices that owes its international reputation largely to industrial buildings. The range of activities in which Frank Barkow and Regine Leibinger are involved extends from experimental studies in materials to office blocks and public buildings and to »soft master planning« in the development of urban districts. The interview was conducted by Frank Kaltenbach in Berlin in 2014.

Frank Kaltenbach In jüngster Zeit haben Sie mit Hochhäusern auf sich aufmerksam gemacht. Der Estrel-Tower soll das höchste Hochhaus Berlins werden. Haben Sie keine Lust mehr auf Industriegebäude?
Frank Barkow (lacht) Der Eindruck täuscht. In den letzten zwei Jahren haben wir für HAWE unser bisher größtes Produktionswerk und mehrere ebenfalls interessante Industriehallen für Trumpf gebaut. Aber natürlich weckt der Wettbewerbsgewinn für das höchste Hochhaus Berlins mehr Medieninteresse als die Eröffnung einer Fabrik auf dem Land. Selbst der kleine Fellows Pavilion für die Stipendiaten der American Academy in Berlin wird wahrscheinlich international mehr Beachtung finden als die vier riesigen Produktionshallen für HAWE in Kaufbeuren, an denen täglich Tausende Autofahrer vorbeifahren.

Heißt das, Industriebau ist undankbar für die Architektenkarriere?
FB In gewisser Weise kann man das bestätigen. Seit der Biosphäre in Potsdam 1999 haben wir in Berlin bis zum Tour Total 2012 keinen größeren Auftrag mehr bekommen. Erst jetzt bauen wir wieder in der eigenen Stadt und das gleich an mehreren Stellen.

Welche Projekte haben Sie denn in Berlin?
FB Der Gartenpavilion für die American Academy in Wannsee und ein Loftgebäude fürs Kreativgewerbe am Moritzplatz werden 2014 bzw. 2015 fertiggestellt. Zwei Bürogebäude am Hauptbahnhof sind im Rohbau und das Estrel-Kongresszentrum in Neukölln mit dem 175 Meter hohen Hotelturm ist in Planung.

Was reizt Sie an Hochhäusern besonders?
FB Im Industriebau haben wir fast alle Konzepte und architektonischen Ideen realisieren können, die wir in all den Jahren entwickelt haben. Da ist es schon erfrischend, etwas ganz anderes zu machen. Und schlanke Türme sind nun einmal komplementär zu flachen Hallen. Aber ganz ehrlich gesagt: Beim Hochhausbau sind die Gestaltungsspielräume im Inneren sehr gering. Daher versuchen wir durch spannungsreiche Kubaturen und plastisch ausgebildete Fassaden einen Dialog mit der Stadt herzustellen. Natürlich sehen wir nach wie vor auch im Industriebau Herausforderungen, und es wäre töricht, gerade die Bauaufgabe zu vernachlässigen, in der wir die meiste Erfahrung und Expertise mitbringen.

Durch die hohe Qualität Ihrer Bauten haben Sie den Industriebau in Architektenkreisen wieder »hoffähig« gemacht. Nimmt die Nachfrage an hochwertigem Industriebau zu?
Regine Leibinger Besonders bei Bauherren verzeichnen wir ein deutlich gesteigertes Interesse. Wir sind aber weder die Ersten, noch die Einzigen, die dem Industriebau wieder einen Platz innerhalb der Architektur gegeben haben. Der Vitra Campus in Weil am Rhein zum Beispiel hat viel mehr Aufsehen erregt als unsere Projekte.

Frank Kaltenbach In recent times, your office has gained attention with high-rise buildings: the Estrel Tower, for example, will be the tallest high-rise in Berlin. Are you no longer interested in industrial developments?
Frank Barkow (laughing) The impression is deceptive. Over the past two years, we have built our hitherto largest production works for HAWE as well as a number of other interesting industrial halls for Trumpf. But of course, winning a competition to erect the tallest high-rise in Berlin gains much greater attention in the media than a factory opening somewhere on the periphery. Even the small Fellows Pavilion for scholarship holders of the American Academy in Berlin will probably attract greater international interest than the four huge production halls for hydraulic components in Kaufbeuren, where thousands of cars drive past every day.

Does that mean that industrial building is detrimental to an architect's career?
FB To a certain extent that is true. Since the Biosphere in Potsdam in 1999 we didn't have a commission in Berlin until the Tour Total in 2012. Only now we are getting to build again in our own city, and in several places at once.

What other projects do you have in Berlin?
FB In 2014, we completed a garden pavilion for the American Academy on the shores of Wannsee and in 2015, a studio building for creative trades on Moritzplatz. Two office developments near the main station have reached the construction stage, and the Estrel congress centre in Neukölln, with a 175-metre-high hotel tower, is in the course of planning.

What is it about high-rise buildings that particularly attracts you?
FB In industrial construction, we've been able to implement almost all the concepts and architectural ideas we have developed over the years. It's therefore quite refreshing to be able to do something completely different for once. What's more, slender towers are a complementary form to low-rise halls. But to be quite honest, with high-rise construction, the creative leeway internally is very limited. We therefore try to enter into a dialogue with the urban fabric by using exciting cubic forms and three-dimensional, sculpturally planned facades. We are still confronted with challenges in the form of industrial developments, of course, and it would be foolish to neglect those areas of construction where we have the greatest amount of experience and expertise to offer.

With the high quality of your buildings, you have made industrial construction »respected« again in architectural circles. Is there an increased demand for structures of greater quality?

Woran liegt das?

RL Vitra-Chef Rolf Fehlbaum hat es seit den 1980er-Jahren verstanden, weltberühmte Architekten für seine Produktionshallen zu gewinnen. So ist sein Campus im Lauf der Jahre zu einer regelrechten Architekturausstellung geworden; anders als die meisten Produktionsstätten ist der Campus ja auch für Besucher zugänglich.

FB Der Industriebau hat diese neue Aufmerksamkeit aber auch verdient, er ist eine zu Unrecht vernachlässigte Bauaufgabe. In der Architekturgeschichte sind hier die größten Innovationssprünge und mutige Experimente gelungen: Denken Sie nur an AEG, Fagus, Ford, Johnson Wax, Olivetti.

Sie planen auch große Industrieareale, was ist Ihre Philosophie dabei?

RL Wir haben dafür den Begriff des »Soft Masterplanning« geprägt. Es geht darum, kein zu starres Regelwerk aufzustellen und Dinge in ferner Zukunft festlegen zu wollen, die sich gar nicht vorhersagen lassen. Ein guter Masterplan reagiert auf die Entwicklung des Unternehmens. Er kann schnelles Wachstum abbilden, bleibt aber nicht unvollständig, wenn die einzelnen Schritte länger dauern. Er kann reagieren, wenn sich Technologien ändern oder ganz neue Anforderungen entstehen. Dazu muss man sich sehr tief in die Produktionsprozesse einarbeiten, das Unternehmen wirklich verstehen. Diese Form des Dialogs lieben wir.

FB Dann ist natürlich der Umgang mit dem Kontext wichtig. Meistens liegen die Industrieanlagen in ländlichen Gebieten, da versuchen wir intensiv einen Dialog mit der jeweiligen Landschaft aufzubauen. Für Bauherren, die sich für uns entscheiden, steht nicht ein ikonografisches Gebäude im Mittelpunkt, sondern eine qualitativ hochwertige Architektur, die ihre Produktionsprozesse funktional unterstützt und attraktive Arbeitsplätze schafft. Uns geht es nicht um Corporate Identity, sondern um Qualität.

Dennoch ist Ihnen mit dem Mitarbeiterrestaurant in Ditzingen ein Bau gelungen, der durchaus ikonografische Qualitäten hat.

RL Von außen ist das Gebäude fast unsichtbar, da wir es ins Gelände eingegraben haben. Man darf es aber nicht isoliert betrachten, es ist Teil des Masterplans für den Trumpf-Campus. Als wir vor vielen Jahren begonnen haben, in Ditzingen den Stammsitz des Unternehmens zu erweitern, fanden wir dort mehr oder weniger konventionelle Gebäude aus den 1970er-Jahren vor. Aber es gab ein Verständnis dafür, dass gute Architektur zur Vermittlung von Qualitätsbewusstsein beiträgt, die Identifikation fördert und auch ein Potenzial zur Motivation der Mitarbeiter hat. Unter dieser Maßgabe haben wir im Verlauf der Jahre mehrere Produktionshallen, ein Vertriebszentrum, ein Schulungsgebäude und schließlich die Hauptpforte und das Betriebsrestaurant bauen können.

Was war an diesen Bauten besonders reizvoll?

FB Bei unseren Produktionshallen versuchen wir, spannungsvolle Fassaden zu gestalten und effiziente Tragwerke und ansprechende Aufenthaltsbereiche zu schaffen. Ich denke, das gelingt uns auch. Dennoch sind es zuerst einmal ganz prag-

Regine Leibinger We register a marked growth of interest among clients in particular. But we are neither the first nor the only ones to have given industrial building its rightful place in architecture again. The Vitra development in Weil am Rhein, for example, has caused a much greater stir than our projects.

Why is that?
RL Since the 1980s, Rolf Fehlbaum, the head of Vitra, has been clever enough to gain the support of world-famous architects for his production halls. Over the years, therefore, his site has become a veritable architectural exhibition, and unlike other places of production, it's also open to visitors.
FB Industrial building has earned this attention, though. It's a realm of construction that has been unjustly neglected, one in which the greatest innovative leaps have been made and the boldest experiments implemented in the history of architecture. Just think of AEG, Fagus, Ford, Johnson Wax, Olivetti.

You also undertake the planning of large industrial areas. What is your philosophy in this respect?
RL We have formulated a concept of »soft master-planning« for this, which means not drawing up a far too rigid set of rules and trying to fix things that will take place in the distant future – things that really can't be foreseen. Good master planning should be able to respond to the development of a concern. It should be able to react to rapid growth, but without seeming incomplete if the individual steps take longer than foreseen. It should be able to adapt when technologies change or completely new needs arise. To achieve this, you have to work your way very deeply into the production processes and really understand the company. We love this kind of dialogue.
FB Then, of course, one's approach to the context is important. For the most part, industrial developments are situated in rural areas. There, we seek to enter into an intensive dialogue with the individual features of the landscape. For our clients, the focus is not some iconographic building, but high-quality architecture that functionally supports their production processes and creates attractive workplaces. We're not concerned with corporate identity, but with quality.

Nevertheless, with the staff restaurant in Ditzingen, you managed to create an outstanding building that certainly has iconographic qualities.
RL The building is scarcely visible from the outside because we embedded it in the topography. But it shouldn't be considered in isolation. It forms part of the master plan for the Trumpf site. Many years ago, when we began to extend the headquarters of the company in Ditzingen, we were confronted with more or less conventional buildings dating from the 1970s. There was a consciousness, though, that good architecture helps to

matische Kisten, die in hohem Maße ökonomischen und funktionalen Zwängen unterworfen sind. Bei der Hauptpforte war das anders. Hier haben wir die Chance genutzt, experimenteller zu arbeiten, denn es sollte so etwas wie die gebaute Visitenkarte des Unternehmens werden, seine Kompetenzen im Umgang mit Metall zeigen. Wir haben uns gefragt: Was würde Jean Prouvé in einem solchen Fall machen? Wir wollten ein Gebäude, das mit der Lasertechnologie des Bauherrn hergestellt wurde. So entstand die Idee für das 20 Meter auskragende Dach aus Stahlblech. Beim Betriebsrestaurant haben wir dann die Freiheit genutzt, keine rechteckige Halle bauen zu müssen. Das Fünfeck reagiert auf seine Nachbarbauten, wird zum Herzstück des Campus. Auf den ersten Blick wirkt die Konstruktion ungewohnt spielerisch, der Raum ist fast stützenfrei, hoch und hell, die Akustik ist sehr gut für eine Kantine.

Der Bau ist auch mit der »Nike« für soziales Engagement ausgezeichnet worden. Aber rechnet sich ein so hoher Aufwand auch für den Bauherrn?
RL Der Aufwand rechnet sich mehrfach. In diesem Bau sind die Pausen für die Mitarbeiter wirklich erholsam. Wenn sie eine konventionelle Kantine bauen, wird sie nur zu den Mahlzeiten genutzt. Den Rest des Tages steht sie leer. Das Betriebsrestaurant in Ditzingen ist bei den Mitarbeitern so gut angekommen, dass dort auch Besprechungen abgehalten werden, Präsentationen stattfinden und Gäste empfangen werden, es ist ein Event Space.
FB Das passt zu dem Punkt, über den wir vorhin gesprochen haben. Weit wichtiger als eine ikonografische mediale Außenwirkung ist für die Firmen eine hohe Attraktivität für die eigenen Leute. In Zeiten des Facharbeitermangels herrscht auf dem Arbeitsmarkt ein »War for Talents« – guter Lohn allein genügt nicht mehr, um die besten Mitarbeiter zu bekommen. Ein angenehmes Arbeitsumfeld ist da ein entscheidender Faktor. Hierzu gehören für uns wohnliche Aufenthaltsbereiche, hochwertige Erschließungsräume, haptische Oberflächen, viel Tageslicht und der Blick ins Grüne. Die Freiflächenplanung, Innenhöfe oder Dachterrassen sind da genauso wichtig wie die Produktionshallen selbst.

Was hat sich in den letzten 15 Jahren im Industriebau verändert?
RL Überraschend wenig, wenn man bedenkt, welche immensen Innovationssprünge die Produktionstechnologie der Firmen gemacht hat. Die Anlagen werden immer komplexer, gleichzeitig führt die Just-in-Time-Produktion zu wesentlich kleineren Lagerflächen und Logistikhallen.
FB Was sich kontinuierlich ändert, sind die Stützenabstände. Unsere ersten Hallen hatten ein Raster von 14 Metern, dann wurden es 18 und zuletzt 12 × 24 Meter. Die Raster bilden die Arbeitsprozesse ab und variieren von Firma zu Firma. Generell werden die immer größeren Maschinen in immer kürzeren Zyklen neu angeordnet.
RL Die größten Veränderungen liegen in der Steigerung der Energieeffizienz und der Ressourcenschonung.

communicate an awareness of quality, which in turn promotes a sense of identity, as well as potentially acting as a motivation for the staff. In the light of this, over the years, we were able to build a number of production halls, a distribution centre, a training school and finally the main gate and the company restaurant.

What was especially attractive about these buildings?
FB In our production halls, we attempt to design exciting facades, efficient load-bearing structures and attractive lounge areas. And I think we're successful in this. Even so, in the first instance, these are quite pragmatic containers that are subject largely to economic and functional constraints. In the case of the gatehouse, that was different. There, we seized the opportunity to work in a more experimental manner, because that structure was meant to be something in the nature of a company calling card – to demonstrate its competence in handling metal. We asked ourselves what Jean Prouvé would have done in such a situation. We wanted to design a building that could be created with the client's laser technology. That was where the idea originated to construct a sheet-steel roof that cantilevers out 20 metres. In the case of the company restaurant, we took advantage of the absence of certain constraints. We didn't have to build a rectangular hall, for example. The pentagonal structure responds to the neighbouring developments and became the heart of the location. At first sight, the building appears to be unusually playful: the internal space is almost free of columns; it's high and bright. What's more, the acoustics are very good for a canteen.

The building also won the Nike Award for social commitment, but was the great outlay worthwhile for the client?
RL The outlay is worthwhile in many respects. In this building, work breaks are really recreative for the staff. If you build a conventional canteen, it will be used only at mealtimes. For the rest of the day, it will stand empty. The company restaurant in Ditzingen has caught on so well with the staff that it is used for discussions; presentations are made, and guests are received there. It's a space where many events take place.
FB That fits in with what we were saying earlier. For the respective firms creating something attractive for their own staff is far more important than achieving an iconographic media effect. At a time when there's a shortage of skilled workers, a »war for talents« is being waged on the employment market. Good earnings alone are no longer sufficient to acquire the best staff. A pleasant working environment is a decisive factor in that respect, and to our mind, that implies things like congenial working areas, high-quality access spaces, surfaces with haptic properties, a high level of natural lighting and views out to the surrounding countryside. The planning of the outdoor areas, courtyards and roof terraces is just as important as that of the production halls.

Wie sieht heute nachhaltiger Industriebau aus?

FB Flexibilität ist ein ganz wesentlicher Faktor von Nachhaltigkeit. Etwas, das ich in zehn Jahren nicht mehr gebrauchen kann, ist nicht nachhaltig, auch wenn es Solarzellen auf dem Dach hat. Ich würde das funktionale Nachhaltigkeit nennen, wenn Architektur adaptierbar und reaktionsfähig ist, außerdem von robuster Qualität, hochwertig ausgeführt, mit guten Materialien. Soziale Nachhaltigkeit ist ein zweiter Punkt, der oft vergessen wird. Wir verbringen so viel Zeit am Arbeitsplatz, es gibt einfach eine Verantwortung, dass dort gute Bedingungen herrschen. Aber die Energiekonzepte sind natürlich auch sehr wichtig.

RL Bei unserem bisher größten Industriebau, dem Werk von HAWE in Kaufbeuren, sind die Wiesenflächen neben den Hallen als Retentionsbecken ausgebildet, damit das Regenwasser von der riesigen Dachfläche auf dem eigenen Grundstück versickern kann. Die Fabrik im Grünen soll auch eine »grüne Fabrik« sein, sie unterschreitet die EnEV um knapp 40%. Das bedeutet eine Dreifach-Wärmeschutzverglasung der Nordsheds und transluzente Wärmedämmung zwischen den Profilbaugläsern der blendfreien Stirnseiten nach Süden. Wir haben überall LEDs als Leuchtmittel eingesetzt, das amortisiert sich bei der langen Brenndauer bereits nach drei bis vier Jahren. Die hochgedämmten Wand- und Deckenpaneele lassen sich bei der Demontage einfach trennen und recyceln.

Früher waren Fabrikhallen laut, kalt und zugig. Ist es nicht übertrieben, plötzlich den Energiestandard von Einfamilienhäusern für den Industriebau zu fordern?

RL Allein durch die Größe bringen Einsparungsmaßnahmen im Industriebau mehr als bei Einfamilienhäusern. Und die Hallen, die wir bauen, sind ja nicht für Industrieroboter, sondern für Menschen mit einem Wunsch nach Behaglichkeit.

Wenn Nachhaltigkeit eine so große Rolle spielt, weshalb bauen Sie Ihre Hallenkonstruktionen dann nicht aus Holz?

RL Bei unserem dritten Pavillon auf dem Trumpf-Campus im schweizerischen Grüsch haben wir Holz nicht nur für die Fassade, sondern auch für die Träger eingesetzt. Diese 50 × 70 Meter große Flachdachkonstruktion aus massiven, 1 Meter hohen Leimbindern war in nur zwei Wochen aufgerichtet. Mitten in den Bergen passt Holz in den Kontext. Im Industriebau sprechen architektonische und technische Rahmenbedingungen aber oft dagegen. Wenn ein Unternehmen Lasersysteme zur Metallbearbeitung produziert oder Hydraulikkomponenten aus Stahl, erscheint uns eine Aluminiumhülle schlüssiger. Für Kaufbeuren hatten andere Architekten in ihrem Wettbewerbsbeitrag eine Holzfassade vorgeschlagen. Offensichtlich wussten sie nicht, dass die Dämpfe der dort verwendeten Maschinenschmierstoffe den Kleber von Leimbindern lösen. Bei den hohen Brandschutzanforderungen, die hier herrschen, den hohen Brandlasten und den großen Brandabschnitten stößt selbst Stahl an Grenzen und wird unwirtschaftlich. Damit wir die jeweils bis zu 13000 Quadratmeter großen, 13 Meter hohen Hallen nicht

What has changed in the past 15 years in industrial building?

RL Surprisingly little when one considers what immense innovative leaps have been made in the production technology of firms. Developments are becoming more and more complex. At the same time, last-minute production is leading to much smaller storage areas and logistic halls.

FB One thing that's subject to constant change is the spacing between columns. Our first halls were based on a 14-metre grid. That increased to 18 metres, and now it's 12 × 24 metres. The grids reflect working processes and vary from company to company. Generally speaking, increasingly larger machines are being laid out differently in increasingly shorter cycles.

RL The biggest changes lie in greater energy efficiency and in saving resources.

What does sustainable industrial building mean today?

FB Flexibility is a very important aspect of sustainability. A building I can't use any more in ten years time isn't sustainable, not even if it has solar cells on the roof. »Functional sustainability« is a term I'd use when architecture is adaptable and capable of responding to changing circumstances and when it is robust, executed to a high quality level and with good materials. Social sustainability is another aspect and one that's often overlooked. We spend so much time at our workplaces that a responsibility inevitably exists to provide good conditions. Energy concepts are also extremely important, of course.

RL In our largest industrial development to date, the HAWE works in Kaufbeuren, the fields next to the halls were designed as retention basins, so that rainwater from the huge roof can seep away on the company's own site. A factory set in a natural environment should also be an environmental factory. The HAWE works undercuts the EnEV energy-saving regulations by nearly 40 per cent. That meant triple glazing with thermally insulating glass to the north-facing shed lights and translucent thermal insulation between the ribbed glazing to the southern non-glare end faces. We used LEDs everywhere as a means of lighting. With long periods of illumination, that pays off after only three to four years. What's more, if the highly insulated wall and ceiling panels are removed, they can be simply divided up and recycled.

In the past, factory halls were loud, cold and draughty. Isn't it rather exaggerated suddenly to call for the energy standards for single-family housing to be applied to industrial buildings?

RL The sheer size of industrial buildings means that energy-saving measures can achieve much greater economies in this field than they can in single-family housing. And the halls we build are not for industrial robots, but for people with a desire for comfort.

If sustainability is so important, why don't you build your hall structures of wood?

RL In our third pavilion on the Trumpf site in Grüsch in Switzerland, we used wood not

sprinklern mussten, haben wir deshalb nicht nur für die Stützen, sondern auch für die Träger Fertigteile aus Stahlbeton entwickelt.

Ist Stahlbeton bei diesen Spannweiten nicht zu schwer und zu klobig?

FB Man kann auch Stahlbetonfertigteile elegant ausbilden, denken Sie nur an die Bauten von Angelo Mangiarotti! Wir wollten vermeiden, dass die Träger den Blick durch die Nordsheds in den Himmel komplett verdecken. Mit den gerundeten Durchbrüchen bleibt diese Transparenz erhalten, das Gewicht wird minimiert und Leitungen können in der Trägerebene geführt werden – wie bei Lochträgern aus Stahl, aber ohne die Probleme von Schutzbeschichtungen gegen Korrosion und Feuer.

Auch im Industriebau verwenden Sie plastische Formen. Bedeutet das nicht einen Mehraufwand oder eine Einschränkung der Funktionalität?

FB Uns interessiert die Dreidimensionalität, vor allem bei Fassaden. Das sehen Sie an der Bürofassade des Trutec Building in Korea oder in Berlin bei den Betonfertigteilen des Tour Total. Und mit vergleichbaren Mitteln versuchen wir auch, den endlosen Wänden und Dachflächen von Industriehallen eine skulpturale Qualität zu geben. Aber eins ist klar: Die Produktionsprozesse müssen laufen. Architektur darf sie nicht behindern, sondern muss sie fördern. Deshalb sind bei uns die Grundrisse flexibel und einfach wie Funktionsdiagramme. Die Schnitte dagegen sind spezifisch, komplex und figural.

Ist das Ihr Erfolgsrezept?

RL Wir haben immer das Ziel, ganz viel miteinander in Einklang zu bringen: innovative Gestaltung, technologische Innovation, qualitätvolle Arbeitsplätze, ortsspezifische Lösungen. Um das umzusetzen, braucht es den richtigen Bauherrn. Das sind vor allem inhabergeführte Unternehmen mit einem klaren Bekenntnis zum Standort. Sie sind die beste Voraussetzung für gute und damit nachhaltige Architektur – auch im Industriebau.

just for the facade but also for the beams. The flat roof structure, 50 × 70 metres in size and consisting of laminated glued trusses a metre deep, was erected in only two weeks. There, timber goes well with the mountain context. In industrial developments, though, architectural and technical constraints often restrict the use of this material. If a company produces laser systems for metalworking or hydraulic components in steel, an aluminium outer skin seems more appropriate to us. For Kaufbeuren, other architects proposed a timber facade in their competition design. They were evidently not aware that the vapours emanating from the machine lubricants can dissolve the adhesives used in glued members. In view of the strict fire regulations that apply there and the high fire loads and large fire compartments, even steel has its limitations and is uneconomical. To avoid having to install sprinkler plant in the halls, which are up to 13,000 square metres in area and 13 metres high, we developed precast concrete elements not just for the columns but for the beams as well.

Isn't reinforced concrete too heavy and bulky for spans of this size?
FB Precast concrete elements can also be elegantly designed. Just think of the structures by Angelo Mangiarotti. We tried to ensure that the beams did not completely obscure the view of the sky through the north-facing shed lights. By forming rounded openings in the beams, a transparent quality was retained and any sense of weight was minimized. What's more, it was possible to install service runs at the level of the beams – as with perforated steel girders, but without the problems of protective coatings against corrosion and fire.

You use sculptural forms in industrial developments. Doesn't that mean additional costs or reduced functionality?
FB Three dimensionality is what interests us, especially in the facades. You can see that in the office skin of the Trutec building in Korea or in the precast concrete elements of the Tour Total in Berlin. And with comparable means, we try to give the endless wall and roof surfaces of industrial halls a sculptural quality. One thing is clear, though: the production processes themselves have to work. The architecture must support not hinder them. That's why the layouts of our buildings are flexible and as simple as functional diagrams. The cross-sections, on the other hand, are specific, complex and figurative.

Is that your formula for success?
RL Our aim is always to make as many aspects as possible harmonize with each other: innovative design, technological innovation, qualitative workplaces, solutions that are specific to the location. To achieve all that, you need the appropriate client, which means above all businesses that are run by owners with a clear belief in the location. They are the best guarantee for good and thus sustainable architecture – also where industrial building is concerned.

Trumpf Campus Restaurant, Ditzingen (DE) 2008

Trumpf Production Hall, Hettingen (DE) 2013

HAWE Production Center, Kaufbeuren (DE) 2014

Trumpf Smart Factory, Chicago (US) 2017

Elizabeth Diller & Ricardo Scofidio

Das New Yorker Architekturbüro Diller Scofidio + Renfro wurde durch seine Umgestaltung einer stillgelegten Hochbahntrasse zum High-Line-Park weltberühmt. Mittlerweile gehört die Highline zu den beliebtesten Anziehungspunkten in Manhattan für Einheimische und Touristen, genauso wie die begrünte schräge Liegewiese als Dach des Hypar Pavilion im Lincoln Center. Neben The Shed und der Erweiterung des Museum of Modern Art in Manhattan gehört auch das Museum in Rio de Janeiro zu ihren aktuellsten Bauten. Das Interview mit Elizabeth Diller und Ricardo Scofidio führte Frank Kaltenbach im Mai 2018 auf der Architekturbiennale Venedig.

The New York architectural firm Diller Scofidio + Renfro became world-famous for transforming a disused elevated railway line into the High Line park. Since then, the High Line has turned into one of the most popular attractions in Manhattan for locals and tourists, just as the sloping lawn on the Hypar Pavilion's greened roof in the Lincoln Center. The Shed and the expansion of the Museum of Modern Art in Manhattan, as well as the Museum of Image and Sound in Rio de Janeiro are some of their most recent buildings. The interview with Elizabeth Diller and Ricardo Scofidio was conducted by Frank Kaltenbach at the Biennale of Architecture in Venice in May 2018.

Frank Kaltenbach Auf der diesjährigen Architekturbiennale sind Sie mit zwei unterschiedlichen Projekten vertreten: Im US-Pavillon zeigen Sie eine künstlerische Videoarbeit, im Arsenale ein konkretes Bauwerk. Wie bringen Sie diese zwei Welten zusammen?

Ricardo Scofidio Manche Leute tun sich bis heute schwer, uns einzuordnen. Sie finden unsere künstlerischen Forschungsprojekte großartig, nehmen uns aber als Künstlerpersönlichkeiten nicht richtig ernst, weil wir auch Häuser bauen. Andererseits wurden wir auch als Architekten erst spät vom Establishment der Branche akzeptiert, weil alle nur unsere Installationen kannten. Wir selbst haben Kunst, Forschung, Lehre und Architektur nie als getrennte Disziplinen aufgefasst. Unsere ersten Projekte waren kleine Installationen, dennoch war das für uns die gleich intensive Auseinandersetzung wie bei einem großen Museum. Als unsere größeren Bauten wie etwa die High Line plötzlich weltweit veröffentlicht wurden, hieß es dann: Hey, Ihr macht ja jetzt auch Architektur und Städtebau! Dabei haben wir nie etwas anderes getan.

Ihre Visualisierungen und Videos sind perfekt gemacht. Mit welchen Visual Artists arbeiten Sie zusammen?

RS (lacht) Das werden wir oft gefragt. Nein, alle unsere Produktionen entstehen bei uns im Büro. Bei einer Ausstellung arbeiten wir bis zur letzten Schraube der Montage vor Ort. Früher waren wir finanziell gezwungen, alles selbst zu machen. So haben wir schätzen gelernt, dass wir nur so die Kontrolle bis zum Schluss behalten. Inzwischen haben wir Spezialisten für die Bildbearbeitung und eigene Toningenieure zu unserem Team.

Elizabeth Diller Bei unserem Beitrag zum amerikanischen Pavillon war die Herausforderung groß. Denn das Forschungsprojekt »In Plain Sight« entschlüsselt verborgene Informationen des Erdglobus aus tausenden hochaufgelösten Satellitenaufnahmen der NASA zu diagrammartigen Karten. Blue Marble, das Bild vom blauen Planeten aus Apollo 17 ist seit 1972 ein Mythos für die Weltgemeinschaft. Stellt man die richtigen Fragen, so visualisieren Satellitenbilder allein durch die unterschiedliche Verteilung des Lichts die gesellschaftlichen und politischen Ausgrenzungen auf unserem Planeten. Wie korreliert die Lichtverschmutzung mit der Verteilung der Weltbevölkerung? Wo auf der Welt leiden Menschen unter der Zerstörung ihrer Umwelt durch Energiegewinnung, ohne von ihr zu profitieren? Weshalb dauert es auf Puerto Rico viel länger dauert als in Houston, Texas, bis nach demselben Hurrikan das Stromnetz wieder funktioniert? Selbst Fachleute nutzen nun unsere Ergebnisse. Um diese Datenflut zu ganz einfachen aussagekräftigen Bildern und Videos zu verdichten, braucht man offensichtlich Architekten – und in diesem Fall die Zusammenarbeit mit Laura Kurgan, Robert Pietrusko und natürlich das Columbia Center for Spatial Research.

Frank Kaltenbach At this year's Biennale of Architecture, you are featured with two different projects: you are showing an artistic video installation in the US Pavilion, and an actual building at the Arsenale. How do you combine these two worlds?
Ricardo Scofidio Even today some people still find it difficult to classify us even today. They admire our artistic research projects but won't take us seriously as artists because we also design buildings. One the other hand, it also took time for the industry establishment to accept us as architects because all anyone knew was our installations. We never saw art, research, teaching and architecture as separate disciplines ourselves. Our first projects were small installations, but we had to grapple with them in the same way as with a big museum. When our bigger projects like the High Line were suddenly written about all over the world, people said: Hey, you're doing architecture and urban development now, too! But we'd never done anything else.

Your visualisations and videos are done perfectly. Which visual artists do you work with?
RS (laughs) We get this question often. No, actually all our productions are created in-house. At exhibitions, we stay on site until the last screw has been mounted. In the early days, we were forced to do everything ourselves for financial reasons. That's how we came to appreciate the fact that this is the only way we retain control until right to the end. We do have specialists for image processing and our own sound engineers now though.
Elizabeth Diller Our contribution to the American Pavilion was pretty challenging. »In Plain Sight« is a research project that takes hidden information from thousands of NASA's high-res satellite images of Earth and translates it into diagram-like maps. Blue Marble, the image of the blue planet taken from Apollo 17 has been mythical for the world community since 1972. If you ask the right questions, just the different distribution of light on satellite images already shows the societal and political exclusion on our planet. How does light pollution correlate with the distribution of the world's population? Where in the world do people suffer from their environment's destruction through energy production without benefiting from it? After the same hurricane, why does it take much longer in Puerto Rico than in Houston, Texas for the power grid to work again? To condense this flood of data into very simple and meaningful images and videos, you evidently need architects – and in this case, collaboration with Laura Kurgan, Robert Pietrusko and the Columbia Center for Spatial Research.

Hier im Arsenale stehen wir vor Ihrem großen Modell des Roy and Diana Vagelos Education Center in New York City. Weshalb haben Sie ausgerechnet dieses Bauwerk ausgewählt, um sich zum Thema Freespace zu positionieren?
ED Dieser Turm mit übereinandergestapelten Seminarräumen, Seziersälen und Büros auf dem Medical Campus der Columbia Universität kann mit den benachbarten Wolkenkratzern in Uptown Manhattan in Bezug auf seine bescheidene Höhe natürlich nicht mithalten. Uns ging es vielmehr darum, den Studierenden und Dozenten, die dort einen Großteil Ihres Lebens in hermetisch abgeschlossenen Räumen verbringen, die maximal mögliche Weite für Bewegung, Kommunikation und kreative Gedanken zur Verfügung zu stellen – für uns ist das der Inbegriff für Freespace. Deshalb verläuft die Haupterschließung nicht über Aufzüge, sondern als Studien-Kaskade zu Fuß über großzügige Treppen entlang der verglasten Südfassade bis hinauf in die 14. Etage.

Durch die Vollverglasung ist diese innere Struktur des Gebäudes im Stadtraum sehr präsent und von außen gut ablesbar. Weshalb haben Sie zusätzlich zum Modell noch Videos ausgestellt?
LD Für uns ist die Bewegung im Raum entscheidend, wie bei der Choreografie eines Tanztheaters. Wir zeigen hinter dem Modell zwei Videoprojektionen, um diesen Aspekt der Bewegung für den Biennale-Besucher noch deutlicher erlebbar zu machen. Auf der linken Projektion bewegt sich die Kamera an einer Drohne außen entlang der Fassade von der Straßenebene bis zum Dach. Direkt daneben folgt die Kamera einem Studenten, der innen zu Fuß über die Treppen und Podeste entlang von Caféterias, Besprechungsnischen, Ruhezonen und Terrassen nach oben geht. Wir versuchen so, diese Raumstruktur zwischen Innen und Außen dynamisch und aus unterschiedlichen Perspektiven erlebbar zu machen.

Ihr Ausstellungsgebäude The Broad in Los Angeles liegt direkt neben Frank Gehrys Walt Disney Concert Hall. Wie haben Sie auf diese raumgreifende Nachbarschaft reagiert?
LD Die entscheidenden Fragestellungen lagen ganz woanders. Ausgerechnet dort wo die Stadt allein für das Auto gebaut wurde, soll in Zukunft ein attraktiver urbaner Raum für Fußgänger entstehen. Jetzt sind aber gerade Kunstmuseen üblicherweise komplett geschlossene Kisten, die in keiner Weise mit der Straße kommunizieren. Insofern gibt es eine entfernte Verwandtschaft zum Vangelos Education Center: Auch bei The Broad wollten wir den Innenraum zur Stadt öffnen, was uns an allen vier Ecken gelungen ist. Der Raum rollt fast kinematisch nach Außen.

The Broad ist kein Museum, sondern die Ausstellungshalle einer privaten Kunstsammlung, deren Exponate ständig wechseln. Was bedeutet das für die Architektur?
LD In erster Linie ist das Gebäude ein Archiv. Deshalb ist das Archiv der Protagonist in unserem Entwurf, der als amorphe Höhle von Außen ablesbar ist. Gleichzeitig wollten wir das Licht der Stadt erlebbar machen und haben über den gesamten

Here at the Arsenale, we're in front of your big model of the Roy and Diana Vagelos Education Center in New York City. Why did you choose this building to respond to the subject of Freespace?

ED Given its modest height, this tower of stacked seminar rooms, anatomy labs, simulation rooms and offices on Columbia University's Medical Campus naturally can't compare with the neighbouring skyscrapers in Uptown Manhattan. Rather, our aim was to provide the students and faculty, who spend most of their daily lives in hermetically sealed rooms, with the maximum amount of space for movement, communication and creative thoughts. This is the epitome of Freespace to us. That's why circulation isn't navigated predominately by elevators but by the spacious stairs of the so-called Study Cascade along the glazed southern facade, all the way up to the 14th floor.

Thanks to its full glazing, the building's inner structure is very present in the urban space and easy to read from the outside. Why did you show videos in addition to the model?
LD For us, the movement in architecture is as crucial, the choreography of a dance performance. Behind the model, we show two video projections to make this movement aspect even more tangible for Biennale visitors. In the projection on the left, a drone camera ascends along the facade, from the street level to the roof. On the right, a camera follows a student passing cafeterias, meeting niches, quiet zones and terraces on his way up the stairs and podiums. We try to make this spatial structure between inside and out come alive dynamically and from different perspectives.

Your exhibition building The Broad in Los Angeles is next to Frank Gehry's Walt Disney Concert Hall. How did you react to this expansive neighbour?
LD The crucial questions were somewhere else entirely. Ironically, in this city that was built solely with cars in mind, the aim is now to create an attractive urban space for pedestrians. But art museums are typically completely closed boxes that don't communicate with the street at all. In this respect, the situation is a little like the Vagelos Education Center: At The Broad we also wanted to open the interior to the city, and we succeeded in doing so on all four corners. The interior rolls outward almost kinematically.

The Broad isn't a museum but the exhibition hall of a private art collection whose exhibits are constantly changing. What does that mean for the architecture?
LD First and foremost, the building is an archive. That is why the archive is the protagonist in our design, which can be read as an amorphous cave from the outside. At the same time, we wanted people to experience the city's light, which is why we laid a white veil over the entire cube that works both as a supporting structure and as a light filter. Visitors enter from beneath the art depots, and on their way up to the pillar-free exhibition

Kubus einen weißen Schleier gelegt, der Tragwerk und Lichtfilter zugleich ist. Beim Eintreten befindet sich der Besucher unter den Kunstdepots, auf dem Weg nach oben in die stützenfreie Ausstellungshalle hat er dann Einblicke in diese Lagerräume oder kann sogar durch sie hindurchgehen. So hat er immer klar vor Augen, dass die in der Ausstellung gezeigten Werke nur ein kleiner Teil der Sammlung sind.

RS Alle unsere Entwürfe haben ein klares Narrativ, und die meisten davon sind öffentliche Veranstaltungsräume, deren Bespielung wir bis ins Letzte kontrollieren. In diesem Fall wollten wir aber einen Schritt zurücktreten. Unser Angebot war der offene, 57 × 57 Meter große und stützenfreie Raum, in den man mit der Rolltreppe oder einem kleinen Aufzug mittig von unten hineinsticht. Die weitere Ausgestaltung dieser Halle zum Beispiel mit Trennwänden überlassen wir den Kuratoren, damit auch für uns etwas Unerwartetes entstehen kann.

LD Im Gegensatz zu einem Museum war uns wichtig, dass das Gebäude einer der größten privaten Kunstsammlungen unberechenbar bleibt.

Ihr bisher spektakulärstes Projekt, zusammen mit der Rockwell Group, entsteht gerade in Sichtweite Ihres Büros an der High Line in New York. Der Name The Shed scheint dafür etwas untertrieben.

LD Aber genau das ist es: Ein riesiger Schuppen oder eher ein Hangar für alle Formen der bildenden und darstellenden Kunst. Das auf Rollen gelagerte Dach, das den viergeschossigen Sockelbau überspannt, kann komplett ausgefahren werden und macht so aus dem vorgelagerten Platz eine thermisch isolierte Halle für alle möglichen Formen an Performances und Ausstellungen. Zugegeben, mit 1600 Quadratmetern ist dieser überdachte Platz nicht gerade klein. Im eingefahrenen Zustand steht der Platz für Open-Air-Veranstaltungen zur Verfügung.

Wie sind Sie und der Architekt David Rockwell auf dieses Konzept gekommen?

LD Die Stadt besitzt in Sichtweite unseres Büros und inmitten des neuen Entwicklungsgebiets von Manhattan, den Hudson Yards, ein kleineres Grundstück – und sie suchte dringend nach einer Idee für seine künftige Entwicklung mit einem Vorschlag für eine kulturelle Institution oder ein Kulturprojekt. Uns war von Anfang an klar, dass wir die darstellenden Künste und die bildende Kunst mit der Kreativindustrie, Design und Mode zusammenführen wollten. Doch wie bringt man das alles unter ein gemeinsames Dach – noch dazu mit einer Perspektive auf künftige Entwicklungen, die wir alle nicht kennen? Mit einigen Freunden sicherten wir uns das städtische Grundstück für kulturelle Nutzungen und begannen, einfache Hallen als Galerien zu bauen. Nach einiger Zeit durften wir auch das Nachbargrundstück für unsere Aktivitäten nutzen, jedoch immer nur für einen limitierten Zeitraum. So entwarfen wir eine zweite wärmegedämmte Hülle für unsere Hallen, die man wie ein Teleskop auf Schienen über das Nachbargrundstück rollen konnte, sodass sich die Fläche verdoppelte. Die Stadt fand unseren Vorschlag sehr interessant und forderte uns auf, das Ganze weiter

hall, they get glimpses of these storerooms or can even pass through them. Thus, they will always be aware that the works on show in the exhibition are only a small part of the collection.
RS All our designs have a clear narrative and most of them are public venues, and we control their usage to the last detail. In this case, however, we wanted to take a step back. Our offer was the open, 57 × 57 metre large and column-free space, which you can enter via the escalator or a small elevator penetrating centrally from below. We leave it to the curators to further organise the hall, for example with partition walls, so that something unexpected can come about for us here, too.
LD Unlike a museum, it was important to us that the home to one of the largest private art collections remain unpredictable.

Your most spectacular project, designed in collaboration with Rockwell Group, is currently being constructed close to your office, next to the High Line in New York. Its name, The Shed, seems a little understated.
LD But that's exactly what it is: a huge shed or rather a hangar for all forms of visual and performing arts. The roller-mounted roof that spans the four-storey base construction can be completely extended, thus turning the square in front into an insulated hall for all sorts of performances and exhibitions. Admittedly, at 1,600 square metres, this covered square isn't exactly small. When the roof is retracted, the square is available for open-air programming or events.

How did you and the architect David Rockwell come up with this concept?
LD The city had a small plot of land within sight of our office and in the midst of Manhattan's new development area, the Hudson Yards – and it urgently needed a proposal for its future development with a cultural institution or cultural project. It was clear to us from the beginning that we wanted to bring together the performing arts and visual arts with the creative and design industries. But how do you actually put these under one roof – with a view to future developments as yet unknown? With the help of some friends, we secured the city-owned plot for cultural uses and just started to build simple halls for galleries. A little later, we were also allowed to use the neighbouring plot for our activities, but only for a limited period of time. So we designed a second thermally insulated shell over our halls to slide over the neighbouring plot like a telescope, which doubled the footprint. The city found our proposal very interesting and asked us to elaborate on the idea. Finally, we got political support for the project. So a spontaneous conversation with David, resulted in an independent non-profit institution with a board of direct trustees. Alex Poots became the artistic director and CEO. The Shed is our response to the question of how architecture, which is fixed in place and time after all, can keep up with the evolving demands of contemporary art and other creative disciplines, which by definition are always renewing themselves and never static.

auszuarbeiten. Schließlich stellte sich auch die Politik hinter das Projekt. So entwickelte sich aus einem spontanen Gespräch mit David eine unabhängige Non-Profit-Institution mit einem Vorstand aus Direct Trustees. Alex Poots wurde Artistic Director und CEO. The Shed ist unsere Antwort auf die Frage, wie Architektur, die ja an den Ort und die Zeit gebunden ist, auf die sich mit der Zeit weiter entwickelnden Anforderungen in der zeitgenössischen Kunst und anderen kreativen Disziplinen Schritt halten kann, die sich per Definition immer wieder selbst erneuern und nie statisch bleiben.

Als Hochschullehrer sind Sie mit der Architekturgeschichte bestens vertraut. Hatten Sie Vorbilder für diese extreme Form der Flexibilität?

LD Natürlich kennen wir das Projekt für den Fun-Palace von Cedric Price, eine der ganz großen unrealisierten Ikonen der Moderne. Wir kannten aber auch die Gefahr, dass zu flexible Räume charakterlos sein können und in Wirklichkeit nie umgebaut werden.

Wie wollen Sie das verhindern?

LD Durch die Lagerung auf sechs fahrbaren Rollenpaaren ist das Gebäude nicht nur einfach zu transformieren, es ist dadurch auch eine weltweit einzigartige Landmarke, die die Leute faszinieren wird. Die Stahlkonstruktion, die auch nach der Montage der wärmedammenden transluzenten Hülle aus ETFE-Membranen räumlich voll wirksam bleibt, hat die Qualität alter Industriearchitektur und wirkt dennoch futuristisch und dynamisch.

RS Wir werden für die ersten Jahre ein eng reglementiertes Nutzungskonzept vorschlagen, damit das gesamte Potenzial der Flexibilität auch ausgeschöpft wird. Wenn die Nutzer erst einmal mit den vielen Möglichkeiten, das Dach unterschiedlich weit auszufahren, vertraut sind, werden sie die Flexibilität aus eigenem Antrieb ausreizen.

Das Interview ist bisher sehr harmonisch verlaufen, sind Sie immer derselben Meinung?

RS Normalerweise ist bei uns genau das Gegenteil der Fall. Was Liz gefällt, hasse ich, und was mir gefällt, hasst sie.

LD Es gab Jahre, da haben wir an derselben Hochschule dieselbe Architekturklasse unterrichtet, im selben Architekturbüro gearbeitet und gemeinsam gewohnt. Wenn man 24 Stunden am Tag zusammen ist, lernt man sich gut kennen. Dennoch hat jeder von uns seine eigenen Vorstellungen, und es ist ja gerade der kontroverse Austausch, der unsere Projekte zu so konsequenten Lösungen gebracht hat. Hinzukommt die unabhängige Meinung unserer beiden Partner Charles Renfro und Benjamin Gilmartin – und die unserer vielen Mitarbeiter. Als Gründungspartner geben wir im Büro nicht den Ton vor, sondern entwickeln unsere Projekte im Team.

As university lecturers, you are very familiar with the history of architecture. Did you have models for this extreme form of flexibility?

LD Of course, we knew the Fun Palace project by Cedric Price, one of the biggest never-realised icons of modernism. But we were also aware of the danger of flexible spaces that lack character and, in practice, are never converted.

How do you want to prevent that?

LD As it is mounted on six mobile pairs of wheels, the building isn't only easy to transform, it is also a unique landmark that will fascinate people from all over the world. The steel structure, which remains spatially fully effective even after the thermally insulating, translucent shell of ETFE pillows is assembled, possesses the quality of old industrial architecture and yet appears futuristic and dynamic.

RS We proposed usage concepts that exploit the full potential of the building's flexibility. Once the users are familiar with the many options of extending the roof to different degrees, they will want to explore its flexibility themselves.

The interview has been very amicable so far, do you always agree about things?

RS Usually it's exactly the opposite. What Liz likes I hate, and what I like she hates.

LD There were years when we taught the same architecture class at the same university, worked in the same architectural studios and lived together. When you're together for 24 hours a day, you get to know each other well. Still, each of us has their own ideas and it is precisely our controversial discussions that have produced such consistent solutions for our projects. Add to this the independent opinions of our partners Charles Renfro and Benjamin Gilmartin – and those of our many staff. As founding partners, we do not set the tone in the office but develop our projects as a team.

The High Line, New York (US) 2014

The Broad, Los Angeles (US) 2015

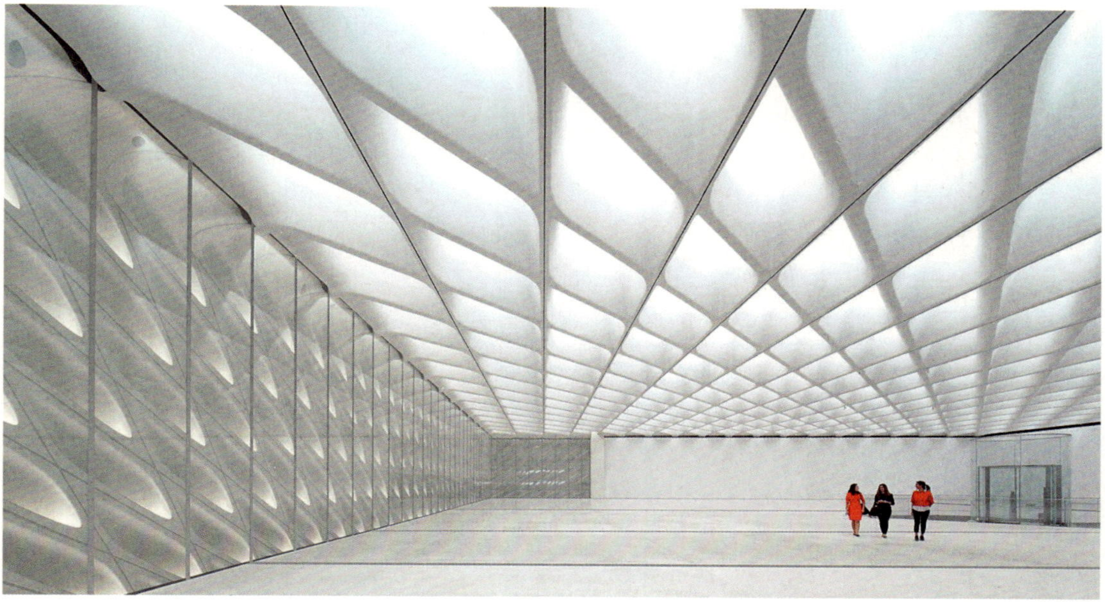

Roy and Diana Vagelos Education Center, New York (US) 2016

The Shed, New York (US) 2019

Dorte Mandrup

Dorte Mandrup liebt komplexe Herausforderungen, für die sie markante Lösungen entwickelt. Ihr Kopenhagener Architekturbüro ist bekannt für Transformationen, Gebäude mit Mischnutzungen, Schulen, Kindergärten, Bürogebäude, Landmarks oder Kulturbauten. Zuletzt wurde 2017 das Wattenmeerzentrum in der Nähe von Ribe fertiggestellt. Mit der dänischen Architektin sprach Jakob Schoof im Mai 2018.

Dorte Madrup loves complex challenges for which she develops striking solutions. The architectural practice in Copenhagen is known for its transformations, mixed-use buildings, kindergartens, school and office buildings, landmarks or cultural buildings. Her most recently completed project is the Wadden Sea Centre near Ribe in Denmark, in 2017. Jakob Schoof spoke with the Danish architect in May 2018.

Jakob Schoof Dorte Mandrup, auf Ihrer Website bezeichnen Sie Ihr Architekturbüro als Team aus »zähen Fleißarbeitern«. Was wollen Sie damit der Öffentlichkeit kommunizieren?
Dorte Mandrup Seien wir ehrlich: Wenn man mit einem mittelgroßen Architekturbüro Erfolg haben und gute Architektur entwerfen will, gibt es eigentlich keinen anderen Weg, als viel zu arbeiten. In gewisser Weise muss die Architektur für Sie das Wichtigste auf der Welt sein. Und das kommunizieren wir mit diesem Satz auch nach außen an mögliche Bewerber. Es gibt ja in den letzten Jahren in der Businesswelt dieses merkwürdige Klischee, dass man nicht härter, sondern lediglich intelligenter oder effizienter arbeiten müsste, um besser zu werden. Als Architektin kann ich das nicht bestätigen.

Waren Sie von Anfang an eine solche Überzeugungstäterin?
Ich war nie diejenige, die schon immer wusste, dass sie Architektin werden wollte. In der Schule habe ich mich sehr für Kunst interessiert, später auch eine Zeit lang Bildhauerei und Keramik studiert und mich sogar für ein Medizinstudium eingeschrieben. Dort fühlte ich mich aber überhaupt nicht zu Hause. Das änderte sich erst, als ich mit dem Architekturstudium begann.

Was fasziniert Sie an Ihrem Beruf besonders?
Die Freiheit, trotz aller Einschränkungen, denen man unterliegt, zu experimentieren und neue Wege zu gehen. Ich hatte das Glück, dass einer unserer Professoren im Studium unseren Entdeckertrieb und die Experimentierlust sehr gefördert hat. Dabei war es für ihn zweitrangig, womit wir experimentierten, solange wir es nur mit der nötigen Ernsthaftigkeit taten. Am Anfang – auch später noch im Beruf – haben mich vor allem temporäre Konstruktionen und leichte Gebäudehüllen fasziniert, bei denen Innen- und Außenraum in eine sehr intensive Beziehung treten.

Und heute?
Inzwischen interessiere ich mich immer stärker für die Möglichkeiten, Gebäude und Räume – sowohl innerhalb als auch zwischen Gebäuden – skulptural zu formen.

Sie haben 1991 Ihr Studium abgeschlossen. Wie hat sich der Architektenberuf seither verändert?
Anfangs war die Architektur noch eine sehr in sich geschlossene, geschützte Welt, in der man vor allem mit Kollegen Austausch pflegte und die eigene Arbeitsweise weitgehend selbst bestimmen konnte. Das hat sich radikal verändert: Die Konkurrenz ist viel stärker geworden, der Kosten- und Zeitdruck immens und ein hoher Grad an Professionalität unverzichtbar.

Kann man unter diesen Rahmenbedingungen überhaupt noch experimentieren, wie Sie das im Studium taten?
Ich denke, dass es immer noch möglich ist.

Jakob Schoof Dorte Mandrup, on your website you describe your office as a team of »die-hard overachievers«. What are you trying to communicate with this?
Let us be honest: If you want to succeed with a medium-sized architectural firm and create good architecture, you simply have to work hard. In a sense, architecture must be the most important thing in the world to you. This is what we communicate to the public, and to potential applicants. In recent years there has been this strange cliché in the business world that you do not have to work harder, but only smarter or more efficiently in order to become better. As an architect, I can't confirm that.

Has architecture been the most important thing in the world for you from the beginning?
Dorte Mandrup I am not someone who always knew she wanted to be an architect. At school I was very interested in art, later I studied sculpture and ceramics and even enrolled in medical school. But I didn't feel at all at home there. Things only changed when I started studying architecture.

What fascinates you most about your job?
The freedom to experiment and break new ground in spite of all the limitations you are subject to. I was very fortunate that one of our professors during my studies was very supportive of anything we wanted to investigate. He taught us that basically you could try out anything as long as you were serious about it. In my studies, and in my early years as an architect, I was fascinated above all by temporary constructions and lightweight building envelopes where the interior spaces have a very intensive relationship with their surroundings.

And today?
I think I am increasingly interested in the sculptural possibilities of a building, and of the void that exists both within buildings and between them.

You graduated in 1991. How has the architectural profession changed since then?
In the beginning, architecture was still a very self-contained, protected world in which one mainly interacted with colleagues and could largely determine one's own way of working. This has changed radically: The competition has become much stronger, the cost and time pressure is immense and a high degree of professionalism indispensable.

Is it still possible to experiment under these conditions, as you did during your studies?
I think it's still possible. You just have to choose your clients carefully.

Man muss nur seine Bauherren sorgfältig auswählen.

Die Bauherren auswählen? Können Sie sich denn diesen Luxus leisten?
Ich weiß nicht, ob es ein Luxus ist, aber es ist unsere Strategie. Wir achten sehr darauf, nur Aufträge anzunehmen und an Wettbewerben teilzunehmen, bei denen wir das Gefühl haben, dass das Ambitionsniveau und das Qualitätsbewusstsein des Bauherrn stimmt. Im Moment sind wir damit relativ erfolgreich, weil wir unsere Zeit nicht mit den falschen Projekten verschwenden.

Wie groß ist Ihr Büro im Moment?
Wir haben ungefähr 60 Mitarbeiter.

Ist das für Sie eine ideale Größe?
Ich weiß nicht, ob es so etwas wie eine ideale Größe für ein Architekturbüro gibt, aber für uns ist es eine gute Größenordnung. Man braucht eine gewisse Mindestgröße, um professionell arbeiten zu können, aber wenn ein Architekturbüro zu groß wird, fällt es schwer, sich konsequent auf Qualität zu konzentrieren.

Kent Martinussen, der Direktor des Dänischen Architekturzentrums, hat Sie in einem Buch einmal als »Yves Saint Laurent der Architektur« bezeichnet. Was dachten Sie, als Sie das gelesen haben?
Um ehrlich zu sein, ich fühlte mich geschmeichelt. Mit dem Vergleich hat Martinussen ja darauf angespielt, dass Yves Saint Laurent immer konsequent nach Qualität strebte, offen für Neues war und nie eine wiedererkennbare Handschrift entwickelte. Diese Ideale verfolge ich auch. Viel wichtiger als ein eigener Stil ist es mir, bei jedem Projekt aufs Neue die Gegebenheiten genau zu untersuchen und daraus allmählich Lösungen zu generieren, ohne die Dinge zu früh festzulegen.

Ist das auch die Haltung, die Sie versuchen, Ihren jüngeren Kollegen und Ihren Studenten beizubringen?
Auf jeden Fall. Man muss lernen, seinen Willen zur Formgebung lange genug zurückzuhalten, um die wahren Potenziale einer Bauaufgabe zu erkennen. Am Anfang, wenn noch alles offen ist, erscheinen die Möglichkeiten ja oft fast zu groß. Dann kommt es darauf an, das jeweils Besondere, das Einzigartige der Situation zu erkennen.

Was braucht es noch, um gute Architektur zu entwerfen?
Natürlich sollte man als Architekt die Grundlagen seines Metiers verstehen, also ein Verständnis für Raum, Maß und Proportion, aber auch für Dinge wie Akustik und Tageslicht mitbringen. Das hört sich möglicherweise banal an, ist aber wichtig in unserer Zeit, in der viele Studenten schon in den ersten Entwurfsstadien beginnen, am Rechner zu arbeiten.

Wenn man sich Ihr bisheriges Werk ansieht, fallen gewisse Schwerpunkte sofort ins Auge, etwa die zahlreichen Kindergärten und Kulturbauten. Gibt es Gebäudetypen, mit denen Sie sich in Ihrer Arbeit besonders gern befassen?
Wir haben immer schon viel für Kinder entworfen und in der letzten Zeit auch immer

Choose your clients? Can you afford this luxury?
I don't know if it's a luxury, but it's our strategy. We are very careful to only accept commissions and take part in competitions where we have the feeling that the client's level of ambition and quality awareness are right. At the moment we are relatively successful because we don't waste our time on the wrong projects.

How big is your office right now?
We have about 60 employees.

Is this an ideal size for you?
I don't know if there is such a thing as an ideal size for an architectural office, but for us it is a good size. You need a certain minimum size to be able to work professionally, but when an architectural office gets too big, it is difficult to consistently focus on quality.

The director of the Danish Architecture Centre, Kent Martinussen, once described you in a book as »Yves Saint-Laurent of Architecture«. What did you think when you read this?
To be honest, I was flattered. With this comparison, Martinussen alluded to the fact that Yves Saint-Laurent always strived consistently for quality, was open to new ideas and never developed a recognizable »signature«. These are the ideals I pursue. Much more important to me than my own style is to carefully examine the context of each project and to gradually find solutions without defining things too early.

Is that also the attitude you try to teach your younger colleagues—and your students?
Absolutely. You have to learn to hold back your will to design long enough to recognize the true potential of a given situation. In the beginning, when everything is still open, the possibilities often seem almost too great. Then it is important to recognize what is special and unique about each project.

What else does it take to design good architecture?
Of course, as an architect you should understand the basics of your profession, such as space, size and proportion, but also of things like acoustics and daylight. This may sound banal, but it is important in our time, when many students start to work on the computer in the first design stages already.

If one looks at your work to date, certain recurring typologies immediately catch the eye, such as the numerous kindergartens and cultural buildings. Are there any building types that you are particularly keen on designing?
We have always designed a lot of buildings for children and have recently built more and more exhibition buildings. Personally, I am also very interested in mixed-use buildings,

mehr Museen und Ausstellungsgebäude gebaut. Mich persönlich interessieren auch gemischt genutzte Gebäude sehr, weil sich dort spannende räumliche Synergien und ein lebendiges Miteinander der unterschiedlichen Nutzergruppen entwickeln können. Darüber hinaus arbeiten wir immer wieder am Umbau und der Umnutzung historischer Gebäude.

Wie gehen Sie an die Herausforderung heran, für Kinder zu bauen?
Wir versuchen, die Dinge konsequent aus ihrer Perspektive zu betrachten: Wie bewegen sich Kinder durch den Raum, welchen Aktionsradius haben sie, wie nehmen sie ihre Umgebung wahr? Oft experimentieren wir dabei mit Räumen und Raumbeziehungen, die nach unserem Verständnis auch für Erwachsene ideal wären. Aber bei Kindergärten hat man oft größere Freiheiten, sie auch umzusetzen – vorausgesetzt, der Bauherr hat überhaupt ein Interesse an experimentellen Lösungen. Und das ist in Skandinavien derzeit immer seltener der Fall.

Woran liegt das? Wollen die Kommunen Geld sparen?
Knappe Budgets gab es beim Bauen schon immer. Die Frage ist allerdings, ob man daraus das Beste zu machen versucht oder ob man von vornherein jegliches Risiko minimieren will. Wenn sich ein öffentlicher Bauherr schon damit zufrieden gibt, dass das Dach dicht und die Wartungskosten gering sind, kann daraus keine gute Architektur entstehen.

Gehe ich also recht in der Annahme, dass wir in den nächsten Jahren eher weniger neue Kindergärten aus Ihrem Büro sehen werden?
Definitiv. In Kopenhagen zum Beispiel hatten wir gerade einen Wettbewerb, bei dem Bauunternehmen im Team mit Architekten und Ingenieuren Typenkindergärten entwickelt haben, nach deren Vorbild in den nächsten vier Jahren alle neuen Kindergärten in der Stadt gebaut werden. In einem solchen System ist kein Platz mehr für ein Büro wie unseres.

Auch mit dem nachhaltigen Bauen haben Sie sich immer wieder beschäftigt. Wie hat sich die Nachhaltigkeitsdebatte in der dänischen Architektur seit dem Kopenhagener Klimagipfel von 2009 verändert?
Bestimmte Aspekte der Nachhaltigkeit sind inzwischen zur Selbstverständlichkeit geworden. 2009 mussten Sie Bauherren und Wettbewerbsjurys noch erklären, warum Ihr Gebäude energieeffizient ist. Inzwischen wird das vorausgesetzt, weil die gesetzlichen Energiestandards es einfordern. Im Grunde ist das eine gute Entwicklung, aber aus Nachhaltigkeit allein entsteht eben noch keine Architektur. Ob es gelingt, den entscheidenden Schritt weiter zu gehen, hängt wie so vieles beim Bauen vom Bauherrn ab.

Wie war das bei dem Tagungs- und Ausbildungszentrum Hubhult bei Malmö, das Sie 2015 für Ikea gebaut haben?
Dort waren die Voraussetzungen nahezu ideal. Der Kunde war in Bezug auf die Nachhaltigkeit sehr ambitioniert – Hubhult ist mit

because exciting spatial synergies and a lively coexistence of the different user groups can develop there. In addition, we are constantly working on the conversion and adaptive re-use of historical buildings.

How do you approach the challenge of building for children?
We try to look at things consistently from their perspective: How do children move through space, what radius of action do they have, how do they perceive their surroundings? We often experiment with spaces and spatial relationships that we believe would also be ideal for adults. But in kindergartens you often have more freedom to implement them – provided that the client has an interest in experimental solutions at all. And this is getting increasingly rare in Scandinavia at present.

What is the reason for this? Are the municipalities under budgetary pressure?
There have always been tight budgets in construction. The question is, however, whether one tries to make the best of it or whether one wants to minimize any risk from the outset. If a public client is satisfied just by a roof that does not leak and low maintenance costs, the result will seldom be good architecture.

Am I right in assuming that we will see fewer new kindergartens from your office in the next few years?
Definitely. In Copenhagen, for example, we just had a competition in which construction companies in a team with architects and engineers developed kindergarten types, which now serve as a model for all kindergartens built over the next four years. There's no room for an office like ours in a system like this.

You have also repeatedly dealt with sustainable construction. How has the sustainability debate in Danish architecture changed since the Copenhagen climate summit in 2009?
Certain aspects of sustainability have now become a matter of course. In 2009, you had to explain to clients and competition juries why your building is energy-efficient. In the meantime, this is taken for granted because the legal energy standards have been tightened significantly. Basically, this is a good development, but sustainability alone is not enough to create architecture. Whether we succeed in taking the decisive step further depends, as so much in architecture, on the client.

To what extent did you succeed with the meeting and education center Hubhult near Malmö, which you built for Ikea in 2015?
The conditions there were almost ideal. The client was very ambitious in terms of sustainability – Hubhult has been awarded Breeam »Outstanding« – and also contributed its

Breeam Outstanding ausgezeichnet – und brachte auch seine eigenen Nachhaltigkeitsexperten in die Planung mit ein. Gleichzeitig war Ikea sehr offen, mit uns darüber zu diskutieren, wie sich der Begriff der Nachhaltigkeit bei diesem Gebäude mit Leben füllen lässt.

Wie haben Sie diesen Begriff letztlich interpretiert?
Das Gebäude ist ein kompakter Kubus, was aus energetischer wie auch aus ökonomischer Sicht Vorteile bringt und auch dem Selbstverständnis des Bauherrn am ehesten entspricht. Ikea stellt kostengünstige Möbel für jedermann her, und eine expressive Gebäudeform wäre der Identität des Unternehmens zuwidergelaufen. Die Fassade von Hubhult dient im Wesentlichen als feststehender Sonnenschutz. Form und Position der einzelnen Verschattungselemente haben wir mit 3D-Simulationen am Rechner ermittelt. Darin sind die unterschiedlichen Sonnenstände im Jahresverlauf eingeflossen, und wir mussten den bestmöglichen Kompromiss zwischen gutem Sonnenschutz und natürlicher Belichtung finden.

Im Moment planen Sie ein weiteres Großprojekt für Ikea in Kopenhagen.
Wir haben für das Gebiet zunächst einen 74 000 Quadratmeter umfassenden Masterplan entwickelt und entwerfen darauf nun ein Möbelhaus mitten in der Innenstadt; also etwas, das es von Ikea so bisher noch nicht gab. Es war klar, dass wir hier etwas ganz Neues ausprobieren müssen. Auf dem Gebäudedach wird ein öffentlicher Park entstehen, der das südliche Hafengebiet mit dem Stadtzentrum verbindet, und die Fassaden werden deutlich stärker auf den menschlichen Charakter Bezug nehmen als sonst bei Möbelhäusern.

Wird die Farbe Blau bei der Fassadengestaltung eine Rolle spielen?
(lacht) Nein, das verspreche ich. Zumindest wird sie nicht so prominent in Erscheinung treten wie an anderen Ikea-Häusern.

Wie gehen Sie bei der Materialwahl für Ihre Projekte vor? Welche Grundsätze verfolgen Sie dabei, welche Themen interessieren Sie besonders?
Leichte Gebäudehüllen und die Textur von Materialien haben mich schon immer besonders fasziniert. Und weil unsere Baubudgets gelegentlich beschränkt sind, befasse ich mich oft mit kostengünstigen, industriell hergestellten Materialien und überlege, wie sie zum Charakter eines Gebäudes beitragen können. Daneben beschäftigt mich die Frage, inwieweit sich Gebäudehüllen aus einem einzigen Material herstellen lassen. Dazu muss man das Material und seine Potenziale natürlich genau untersuchen.

Beim Wattenmeerzentrum in der Nähe von Ribe haben Sie diese Strategie auf die regionaltypische, traditionelle Reetdachdeckung angewendet.
Es war faszinierend, mit den Strohdachdeckern aus der Region zusammenzuarbeiten und gemeinsam neue Verwendungsmöglichkeiten für das Material zu erproben. Man verwendet ja üblicherweise keine

own sustainability experts to the planning. At the same time, Ikea was very open to discussing with us how the concept of sustainability can be brought to life in this building.

How did you finally interpret this term?
The building is a compact cube, which brings advantages from both an energy and economic point of view and is also most in line with the client's self-image. Ikea makes affordable furniture for everyone, and an expressive building shape would have run counter to the identity of the company. The facade of Hubhult essentially serves as a fixed sun protection. We determined the shape and position of the individual shading elements on the computer using 3D simulations. Taking into account the different positions of the sun throughout the year, we had to find the best possible compromise between good sun protection and natural lighting.

At the moment you are planning another major project for Ikea in Copenhagen.
Yes. We first did the 74,000 m^2 masterplan for the area and are now designing a furniture store in the city centre; something that Ikea has never seen before. It was clear that we had to try something completely new here. A public park will be created on the roof of the building, linking the southern harbour area with the city centre, and the facades will refer much more strongly to the human scale than in other furniture stores.

Will the colour blue play a role in the facade design?
(laughs) No. I promise. At least it will not be as dominant as you know it from other Ikea stores.

How do you choose materials for your projects? Which principles do you follow, which topics are of particular interest to you?
Light building envelopes and the texture of materials have always fascinated me. And as we sometimes have limited budgets, I frequently deal with low-cost, industrially manufactured materials and consider how they can contribute to the character of a building. I am also concerned about the extent to which building envelopes can be made from a single material. To do this, the material and its potential must of course be carefully examined.

At the Wadden Sea Centre near Ribe, you applied this strategy to the traditional thatched roofing typical of the region.
It was fascinating to work with the thatchers from the region and to try out new uses for the material together. Normally you don't use thatched roofing on facades or under eaves. Again and again we discussed new ideas, which they then tried out. Nowadays, craftsmen with such an openness and a desire to experiment are not often to be found.

Reetdeckung an Fassaden oder unter Dachüberhängen. Immer wieder haben wir neue Ideen diskutiert, die sie dann ausprobiert haben. Handwerker mit einer solchen Offenheit und Experimentierlust sind heute nicht oft anzutreffen.

Sie erwähnten das Bauen im Bestand. Ihr vielleicht bekanntestes Umbauprojekt war Arne Jacobsens Munkegård-Schule in Gentofte bei Kopenhagen.
Es war nicht so sehr ein Umbau, sondern eine Erweiterung. Der Bauherr wollte, dass wir die Struktur der Schule ändern, um größere, offenere Räume darin unterbringen zu können. Aber der einzigartige Charakter der Schule besteht ja gerade in ihrer relativ kleinteiligen Struktur mit den vielen Innenhöfen und den perfekt ausgewogenen Proportionen. Diese Proportionen und die feinen Details hätten wir leicht zerstört, wenn man damit nicht sorgfältig umgegangen wäre. Daher bestand bei der Munkegård-Schule die einzige Lösung darin, die neuen Räume unter der Erde anzuordnen. Davon abgesehen, sollten wir im Gebäude auch Lüftungsanlagen für die Physik- und Chemiesäle sowie die Lehrküche unterbringen. Das wäre innerhalb der bestehenden Struktur ebenfalls nicht möglich gewesen.

Lassen Sie uns kurz über Ihre Wohnprojekte sprechen. Welche Art von Räumen bevorzugen Sie selbst zum Wohnen und Arbeiten?
Ich mag Räume, die so offen wie möglich sind. Wenn ich also ein Wohngebäude entwerfe, versuche ich immer, große, offene und idealerweise auch zweigeschossige Wohnräume zu schaffen. Wenn Sie dies mit einem knappen Budget tun wollen, muss man natürlich Prioritäten setzen. Und dafür müssen die Individualräume in der Regel kleiner sein.

Warum sind solche Lösungen im Wohnungsbau immer noch so selten?
Die großen Wohnungsbauunternehmen wenden alle die gleichen Standards an, folgen den gleichen Typologien und schaffen Räume ohne Identität und Charakter. Sie sagen, dass die Regeln des Markts das fordern. Ich bezweifle allerdings, dass das stimmt. In Kopenhagen gibt es bereits Wohnprojekte, die sich nicht gut verkaufen, weil sie sehr teuer sind und für das viele Geld keine Qualität bieten. Nach meiner Beobachtung werden die Käufer bereits kritischer und fordern tatsächlich Räume mit mehr Identität und Charakter.

Also könnte das eine Chance für qualifizierte Architekten sein?
Ich bin da optimistisch.

You mentioned the adaptive re-use of existing buildings. One of your best-known conversion projects was Arne Jacobsen's Munkegård School in Gentofte near Copenhagen.
It was not so much a conversion as an extension. The client wanted us to change the structure of the school to accommodate larger, more open spaces. But the unique character of the school lies in its relatively small structure with its many courtyards and perfectly balanced proportions. These proportions and the fine details could have easily been destroyed if it hadn't been handled with care. Therefore, the only solution at the Munkegård School was to put the new spaces underground. Apart from that, we were also expected to accommodate heavy ventilation systems for the physics and chemistry and cooking classes in the building. This would also not have been possible within the existing structure.

Let us briefly talk about your residential projects. What kind of spaces do you prefer yourself, as a building user?
I like the spaces where I live and work to be as open as possible. So when I design a housing project, I always try to create large, open, and ideally also double-height living spaces. If you want to do this with a tight budget, you need to prioritise, of course, and the individual spaces usually need to be smaller in exchange.

Why are these kinds of solutions still so rare in the housing sector?
The commercial clients in the sector all apply the same standards, follow the same typologies and create spaces without identity and character. They say that these are the rules of the market that they have to follow, but I doubt that this is true. In Copenhagen, we are already seeing housing projects that do not sell well because they are very expensive and do not offer any quality for the money. As I see it, the buyers are already getting more critical and they are actually demanding spaces with more identity and character.

So that could be a chance for skilled architects?
I'm optimistic.

Munkegård School, Gentofte (DK) 2009

Preschool, Råå (SE) 2013

Valencia, Copenhagen (DK) 2014

IKEA Hubhult, Malmö (SE) 2015

Wadden Sea Centre, Ribe (DK) 2017

Pierre Jorge Gonzalez & Judith Haase

Gonzalez Haase ist ein 1999 gegründetes Berliner Studio mit den Schwerpunkten Architektur, Szenografie und Beleuchtung. Zu den Arbeiten des Büros gehören große Kunstinstallationen, puristische Verkaufsräume, Wohnungsausbauten und Umbauten für Industrie- und Kunsträume. Das Interview mit den Bürogründern Pierre Jorge Gonzalez und Judith Haase führte Peter Popp im Juni 2017 in Berlin.

Gonzalez Haase is a Berlin-based studio founded in 1999 that focuses on architecture, scenography and lighting. Their work includes large art installations, purist retail spaces, residential buildings and conversions of industrial spaces. The interview with Judith Haase and Pierre Jorge Gonzalez was conducted by Peter Popp in Berlin in June 2017.

Peter Popp Sie haben gerade die Büros für die Agentur FischerAppelt fertiggestellt. Erstmals adaptieren Sie eine komplette Geschichte, nämlich »Alice im Wunderland«, und übersetzen diese in eine räumliche Inszenierung. Was hat Sie an der Aufgabe gereizt?
Judith Haase FischerAppelt konzipieren Kampagnen für Marken oder Produkte, sie sind Geschichtenerzähler. Genau das sind wir aber nicht, und das machte das Projekt spannend. Wir konnten uns der Thematik auf eine uns eigene abstrakte Weise nähern.

Wie kamen Sie auf das Thema »Alice im Wunderland«?
JH Noch während meines Studiums begann ich, für den Regisseur und bildenden Künstler Robert Wilson zu arbeiten. Das erste Stück, das ich mit ihm umsetzte, war »Alice im Wunderland«. Durch Robert lernte ich auch Pierre Jorge kennen. Die Geschichte steht also gewissermaßen für den Anfang unserer Zusammenarbeit.

Phantastische Romancharaktere in einer Bürolandschaft: Wie geht das zusammen?
JH Auf ihrer Reise begegnet Alice sehr unterschiedlichen Charakteren. Wir haben viel darüber nachgedacht, wie man die Figuren in Architektur übersetzen und sie mit den Funktionen im Büro zusammenbringen kann. In der Chefetage im fünften Stockwerk ist die Raupe das zentrale Motiv. Sie ist weise, sitzt auf einem Pilz, raucht und gibt Alice Ratschläge, wie sie sich im Wunderland verhalten soll. Also haben wir in den Besprechungsräumen die Glasscheiben mit milchigen Folien in verschiedenen Trübungen versehen. Man kann hindurchsehen oder nicht – je nachdem, wo man gerade steht. Die gleichmäßig aneinandergereihten Segmente des Raupenkörpers tauchen in abstrahierter Form beim Empfangsschalter auf, ebenso bei den Sofasitzmöbeln, die sich modular addieren lassen. In den Kreativabteilungen haben wir viel mit Spiegeln experimentiert. Die vierte Etage widmet sich den rot gekleideten Zwillingen Tweedledum und Tweedledee. Hier ist die Decke komplett verspiegelt und die Oberflächen sind stark reflektierend – man sieht buchstäblich doppelt. In der überwiegend schwarz gehaltenen dritten Etage bewirken rechtwinklig zueinander montierte Spiegel, dass man beim Vorbeigehen unvermittelt auftaucht und wieder verschwindet – wie die Grinsekatze, auf die wir zwar Bezug nehmen, die man aber nicht sieht. Wir übersetzen sie lieber in Bewegung und Architektur. Diese Art der Abstraktion hat wirklich viel Spaß gemacht.

Inszenierung ist auch ein Spiel mit der Glaubwürdigkeit. Woran erkennen Sie, wie weit Sie gehen können?
Pierre Jorge Gonzalez Unser Vorteil ist, dass die Kunden ja aufgrund unserer Herangehensweise zu uns kommen. Wenn wir diesem Ansatz treu bleiben und der Kunde nicht zu viel Druck macht, ist das Ergebnis

You've just completed offices for FischerAppelt. It's the first time you turned a fictional story, »Alice in Wonderland«, into a spatial scenario. What attracted you to this project?
Judith Haase FischerAppelt designs campaigns for brands or products, they are storytellers. This is exactly what we are not so that made the project exciting. We were able to approach the theme in our own abstract way.

How did you come to the »Alice in Wonderland« theme?
JH While I was a student I worked for director and visual artist Robert Wilson. The first piece that I did with him was »Alice in Wonderland«. I also met Pierre Jorge through Robert. The story therefore also marks the beginning of our collaboration.

Fantastical fictional characters in an office setting: how do the two go together?
JH On her journey Alice meets very different characters. We gave a lot of thought as to how to translate these characters into architecture and combine them with the functional aspects of an office. The caterpillar is the central motif in the boardroom on the fifth floor. It is wise, sits on a mushroom and smokes while giving Alice advice on how to behave in Wonderland. So the meeting rooms have glass panes covered in films of different opacities. You can see through them or you can't – depending on where you are standing. The segments of the caterpillar's body appear in an abstracted form in the reception desk, as well as in the sofa seating, which is modular and can be added to. In the creative departments we experimented a lot with mirrors. The fourth floor is dedicated to the red-clad twins Tweedledum and Tweedledee. Here the ceiling is completely mirrored and the surfaces are highly reflective – you can literally see double. On the predominantly black-hued third floor mirrors are mounted at right angles to one another so that when you step forward you appear and suddenly disappear again – like the Cheshire cat, which we reference but which you don't see. We prefer to translate it into movement and architecture. This kind of abstraction was really fun.

Presentation is also a game of credibility. How do you recognise how far you can go?
Pierre Jorge Gonzalez The advantage is that clients come to us because of our approach. If we remain faithful to this approach and the client does not put too much pressure on us, the result is authentic. FischerAppelt is a good example because the project required the implementation of a story. This is not the usual way we develop our spaces. However, we had complete freedom in making our decisions. So we created a world that is still abstract in terms of identification. It's only if you know the idea behind it that you start to connect it with the story.

auch authentisch. FischerAppelt ist ein gutes Beispiel, weil das Projekt die Umsetzung einer Geschichte erforderte. Das ist nicht die übliche Art, wie wir unsere Räume entwickeln. Wir waren jedoch trotzdem völlig frei in unseren Entscheidungen. Also haben wir eine Welt geschaffen, die in puncto Identifikation noch immer abstrakt ist. Nur wenn man die Idee dahinter kennt, verbindet man sie mit der Geschichte und kann sie nicht mehr loslösen.

Wie entwickeln und testen Sie solch räumlich komplexe Inszenierungen?
PJG Im Prozess geht es darum, eine Idee in ein Programm zu überführen. Wir fertigen viele Skizzen an und generieren daraus sofort einen kompletten Raum in 3D. So erhalten wir rasch ein vollständiges Verständnis seiner Dimensionen, seiner Lichtverhältnisse und seiner tragenden Struktur. Wir definieren Materialien und überprüfen, ob sie für das jeweilige Projekt funktionieren. Das Resultat ist eine Art virtuelle Skulptur.
JH Weil wir millimetergenau konstruieren, können wir jederzeit alles kontrollieren: jede Dicke, jedes Material und wie die Materialien miteinander verbunden sind.

Ihr Workflow scheint gut zu funktionieren. Sie haben einen enormen Output an Projekten.
JH Wir arbeiten gerne (lacht). Die Arbeit ist unser Leben. Wir lassen uns durch viele Dinge in unserer Umgebung inspirieren. Wir versuchen, uns nicht zu wiederholen und immer wieder einen Ansatz zu finden, der uns in eine neue Richtung bringt. Es gibt kein Rezept. Das macht die Arbeit interessant. Aber egal, um welches Projekt es sich handelt, der Raum steht dabei im Fokus.

Was bedeutet das konkret?
PJG Wir wollen den Raum in erster Linie lesbar machen. Deshalb entfernen wir zunächst alles Überflüssige wie Wände, Verkleidung oder Dekor, um zu sehen, was den Raum wirklich ausmacht.
JH Für das Restaurant Beets & Roots haben wir den Bestand zunächst komplett entkernt. Jetzt sieht man die nackten Betonwände und die Fugen der Fertigteilelemente. Die neuen Fliesen bedecken die Wand nur zur Hälfte. Man kann also sehen, wie dick die Fliesen sind, wie stark sie eingefärbt sind, man kann erkennen, dass es Zementfliesen sind. Die hinzugefügten Elemente wollen nichts verstecken, sie weisen eher darauf hin, was da ist. Dadurch werden sie zum festen Bestandteil der Architektur.
PJG Das gilt auch für das Interieur. Wir versuchen, es so zu modifizieren, dass es zwar noch nicht als Raum, aber auch nicht mehr wirklich als Einrichtungselement zu identifizieren ist. Auf jeden Fall lassen wir es in einen Dialog mit seiner architektonischen Umgebung treten.

Für die Ausstellung Assembling entwickelten Sie ein raffiniertes Wandsystem, das die Exponate in ungewohnter Umgebung zeigte.
PJG Wir wollten eine Trennung suggerieren, ohne den Raum wirklich zu unterteilen. Mithilfe einfacher Ständerprofile aus dem Trockenbau entstand ein teilweise durchlässiger »Vorhang«, der den gezeigten Designobjekten ausweicht, indem er

How do you develop and test spatially complex scenarios?
PJG The process is about developing a programme from our first idea. We produce many sketches and generate 3D designs out of these. This gives us a complete understanding of dimensions, lighting conditions and supporting structure. We then define what materials to use and check if they work with the project. The result is a sort of virtual sculpture.
JH Because we design with precision, we can control everything at any time: every thickness, every material, and how the materials are connected.

You seem to have a very healthy pipeline and an enormous output of projects.
JH We just like to work (laughs). Our work is our life. We are inspired by so many things around us. We try not to repeat ourselves and to always find an approach that will guide us into a new direction. There is no formula. That makes the work interesting. But no matter what the project is, the focus is on space.

What does this mean in concrete terms?
PJG In the first place we want to make the space legible. That's why we remove all superfluous elements such as walls, cladding or decor to see what the space is really composed of.
JH For the Beets & Roots Restaurant, we first completely gutted the existing building. At this point you could see the bare concrete walls and the joints of the precast elements. The new cement tiles cover only half the wall. So you can see how thick the tiles are, how much they are coloured, you can see that they are cement tiles. The new elements are not about hiding anything, rather they point to what is already there. This makes them an integral part of the architecture.
PJG That also applies to the interiors. We try to modify them in such a way that they aren't quite a space yet but also neither a furnishing element anymore. We let them enter into a dialogue with the architectural environment.

You developed a sophisticated wall system for the Assembling exhibition that displays the exhibits in unusual ways.
PJG We wanted to suggest a separation without actually dividing the room. We used simple drywall stud profiles to create a partially transparent »curtain« that skirts around the design objects on display, imaginatively avoiding them. Their physical presence also provides a route through the exhibition.

You didn't just display the classic 20th century furniture pieces on platforms ...
JH That's right. We hung some of the furniture up, attached several Eames stools to a column and integrated the Hamlet chair by Robert Wilson into the metal structure.

sie einfallsreich umspielt. Seine physische Präsenz gab gleichzeitig einen Weg durch die Ausstellung vor.

Die Möbelklassiker aus dem 20. Jahrhundert wurden nicht einfach nur gezeigt ...
JH Das stimmt. Einige Möbel hatten wir aufgehängt, mehrere Eames-Hocker zu einer Säule gestapelt und den Hamlet-Stuhl von Robert Wilson in die Metallstruktur integriert.
PJG Das Wandsystem erzeugte eine Art gleichberechtigten Kontext. Letztlich geht es darum, für welche Ausstellungsform man sich entscheidet. Im Kunstbetrieb hat man oft die Vorstellung, dass der Raum die Kunst nie stören darf. Wir wollten das Gegenteil zeigen. Ins Blickfeld ragende Metallelemente zwingen dazu, das Objekt von einer anderen Seite aus zu betrachten. Diese ungewohnte Perspektive ist vielleicht sogar die Bessere.

Was fasziniert Sie am Thema Licht?
JH Robert Wilson sagt: »Ohne Licht gibt es keinen Raum.«
PJG Im Mittelpunkt unserer Arbeit steht die Frage, wie man mit Kunstlicht einen Raum schafft, der vollkommen klar ist. Wir bevorzugen Lichtsysteme, die den Hauptelementen der Architektur entsprechen, so als wäre das Licht für immer da. Genau wie das statische System begreifen wir das Licht als raumbildendes Element. Wir setzen es ein wie eine gleichmäßige, festintegrierte Schicht: Wenn man es wegnimmt, ist das Gebäude nicht mehr da.

Für die Galerie Berinson waren Sie bereits zweimal an verschiedenen Orten tätig. Wodurch unterscheiden sich die beiden Lichtkonzepte?
PJG Im Prinzip übertragen wir den gleichen Grundgedanken auf zwei völlig unterschiedliche räumliche Situationen. Insbesondere im Altbau in der Schlüterstraße hätte eine räumlich individuelle Lösung zu einem unbefriedigenden und fragmentarischen Gesamtergebnis geführt. Wir haben deshalb ein Lichtsystem entwickelt, das die räumliche Trennung überwindet. In regelmäßigen Abständen installierten wir optisch durchlaufende Führungsschienen, losgelöst von der Grundrissanordnung der Wände. In gewisser Weise übernimmt nun das Licht eine ordnende und raumbildende Funktion. Diese Einheitlichkeit war uns wichtig.

Gehen Sie die Lichtplanung im musealen Kontext anders an als etwa im Ladenbau?
PJG Das macht für uns keinen Unterschied. Egal, ob es sich um Bilder oder Produkte handelt, wir lehnen es generell ab, Objekte besonders hervorzuheben. Spots haben etwas Altmodisches, sie erzeugen eine Art Dämmerlicht. Wir mögen es eher kontrastarm und finden es wichtig, einzelne Gegenstände nicht zu isolieren, sondern den sie umgebenden Raum erlebbar zu machen.
JH Unseren ersten Modeladen konzipierten wir wie eine Galerie. Damit Kunden sich besser auf die ausgestellte Kleidung konzentrieren können, verbargen wir alle technischen Elemente wie Steckdosen oder Schalter.

PJG The wall system created a kind of equal context. Ultimately it is a matter of how you decide to display things. In the art world one often has the impression that the space must never disturb the art. We wanted to do the opposite and have metal elements protruding into your field of vision forcing you to look at the object from another side. This unfamiliar perspective may even be the better one.

What fascinates you about light?
JH Robert Wilson says: »There is no space without light.«
PJG At the heart of our work is the question of how to use artificial light to create a space that is absolutely lucid. We prefer lighting systems that relate to the main elements of the architecture, as if the light had always been there. We see light as an element that defines and creates space just like the structural system. We incorporate it as an integrated layer: when you take it away, the building is no longer there.

For the Berinson Gallery you worked in two different locations. What makes the two lighting concepts different?
PJG We transferred the same basic idea to two completely different spatial situations. In the old building in Schlüterstraße an individual spatial solution had led to a unsatisfactory and fragmented overall result. So we developed a lighting system that overcomes the spatial separation. We installed visually continuous guide rails at regular intervals that were detached from the respective floor plan of the walls. In some ways the light takes on a space-defining function. This consistency was important to us.

How is lighting design for a museum context different from creating lighting for a boutique?
PJG It's all the same to us. Whether it's images or products, we generally refuse to emphasise particular objects. Spotlights are somewhat old-fashioned, they create a sort of half-light. We prefer the lighting to be low contrast and find it important not to isolate individual objects but instead to make the surrounding space perceptible.
JH We designed our first fashion boutique like a gallery. We concealed all the technical elements, such as plugs or switches, to allow people to concentrate on the clothing.

Your boutique for Andreas Murkudis was your introduction into the concept store theme.
PJG Normally a commission of this kind is about establishing a direct connection with the brand. Murkudis is not a brand however. It's a curated art space with goods, a space that does not simulate but functions as a spatially concise unit with uniform lighting conditions.

Dieser Shop für Andreas Murkudis war Ihr Einstieg in die Thematik Concept Store.
PJG Normalerweise geht es in diesem Kontext darum, wiedererkennbar zu sein, eine unmittelbare Verbindung zur Marke herzustellen. Murkudis ist jedoch keine Marke. Es ist eher ein kuratierter Kunst-Raum mit Waren, ein Raum, der nichts vortäuschen oder schönfärben will, sondern als räumlich prägnante Einheit unter gleichmäßigen Lichtbedingungen funktioniert.

Die fabrikmäßig anmutende Raumgestaltung in der kürzlich fertiggestellten Boutique für Balenciaga in Paris liefert einen größtmöglichen Kontrast zur Designerkleidung.
JH Das ist auch gut so. Sie bildet einen starken und ruhigen Hintergrund für die Kleidung. Normalerweise geht es beim Branding darum, einen Raum mit möglichst viel Aufwand auszugestalten.
PJG Niemand macht sich Gedanken um den Raum selbst oder um zukünftige Entwicklungen. Balenciaga-Designer Demna Gvasalia und auch wir sehen unsere Aufgabe jedoch darin, die Dinge voranzutreiben und ungewöhnliche Ideen zuzulassen.

Sie spielen also mit der Irritation?
PJG Mode kann ziemlich langweilig sein – oder aber als Kunstform inszeniert werden. Wenn das Kunstwerk jedoch selbsterklärend ist, wird es schnell uninteressant, weil es keine Perspektiven eröffnet.

Man sagt Ihren Arbeiten auch den Charme des Unfertigen nach.
PJG Räume müssen flexibel sein. Die meisten Oberflächen sind sowieso industriell hergestellt. Sie sollen weder teuer noch kompliziert zu verarbeiten sein. Daraus resultieren allerdings auch viele Freiheiten: Der Entwurf bleibt offen für Potenziale, Fortschritt oder Veränderung. Das ist sehr wichtig.
JH Für mich ist das auch eine grundsätzliche Lebenseinstellung. Dauerhaftigkeit in den Vordergrund zu stellen würde für mich Stillstand bedeuten.
PJG Es ist angenehm, sich in Räumen aufzuhalten, in denen man keine Angst haben muss, sie schmutzig zu machen. Veredelte Oberflächen verpflichten dazu, sie zu erhalten. Wir suchen nach gegenteiligen Lösungen. Das eröffnet die meisten Möglichkeiten, alles andere bedeutet Einschränkung.

The industrial interiors of the recently completed Balenciaga boutique in Paris are in complete contrast to the designer clothing.
JH Yes and that's what we wanted, a strong but quiet background for the clothes. Normally with a brand it is about designing a space that's as extravagant as possible.
PJG No one seems to care about space itself or future developments. We see our task as pushing things forward and enabling unusual ideas, as does Demna Gvasalia, chief designer for Balenciaga.

So you are playing with the idea of subversion?
PJG Fashion can be quite boring – or it can be staged as an art form. But when the work of art is self-explanatory, it quickly becomes uninteresting because it doesn't open up any new perspectives.

Your work is often described as reflecting the charm of the raw or the unfinished.
PJG Spaces have to be flexible. Most surfaces are industrially manufactured anyway. They should neither be expensive nor complicated to make. There is a lot of freedom that results from this: the design remains open to progress or change. This is very important.
JH For me, this is also a fundamental approach to life. To have durability as a priority would feel like standstill to me.
PJG It is great to be in a space where you do not have to be afraid of getting it dirty. With finished surfaces you are obliged to maintain them. We look for different solutions. This opens up many possibilities, everything else is a restriction.

Andreas Murkudis Store, Berlin (DE) 2011

Exhibition Assembling, Galerie Jacksons, Berlin (DE) 2015

Galerie Berinson, Berlin (DE) 2016

FischerAppelt Office, Berlin (DE) 2017

Balenciaga Store, Paris (FR) 2017

Yvonne Farrell & Shelley McNamara

Kurz nach ihrem Studium in Dublin gründeten Yvonne Farrell und Shelley McNamara mit Grafton Architects ihr eigenes Büro. Die beiden irischen Architektinnen sind international für ihre Entwürfe von Universitätsbauten bekannt. Als Kuratorinnen der 16. Internationalen Architekturbiennale 2018 in Venedig legten sie sich auf das Thema Freespace fest. In einem Gespräch mit Sandra Hofmeister erklärten sie im März 2018 in der italienischen Botschaft in Berlin ihr Konzept für die Hauptausstellung und erläuterten ihre optimistische Sicht auf die Architektur.

Shortly after completing their studies in Dublin Yvonne Farrell and Shelley McNamara founded their own office, known as Grafton Architects. These two Irish architects are known internationally for their designs for university buildings. As curators of the 16th International Architecture Exhibition of La Biennale di Venezia they selected the theme »Freespace«. In an interview with Sandra Hofmeister that took place in March 2018 in the Italian embassy in Berlin they explain their concept for the main exhibition and share their optimistic view of architecture.

Sandra Hofmeister Wie war Ihre Reaktion, als Sie dazu eingeladen wurden, die 16. Internationale Architekturbiennale in Venedig zu kuratieren?
Yvonne Farrell Eine Architekturausstellung dieser Größe wird sowohl im Berufsumfeld als auch in der breiten Öffentlichkeit wahrgenommen. Daher ist es wirklich eine unglaubliche Chance, die Architekturbiennale in Venedig kuratieren zu dürfen. Seit dem Anruf von Paolo Baratta, dem Präsidenten der Biennale, im Dezember letzten Jahres haben wir an unserem Freespace-Manifest dafür gearbeitet. Wir haben das Thema Freespace (Freiraum) wie ein riesiges Fangnetz angewendet, um den Nutzen der Architektur herauszustellen. Und das bedeutete auch, dass wir uns die Ausstellungsräume vornahmen – die Freiräume in den Giardini und im Arsenale. Für uns sind diese Räume selbst auch Teilnehmer der Biennale. Das Bewusstsein, dass ihre Arbeit in diesen außergewöhnlichen Gebäuden gezeigt wird, hat eine Wirkung auf die teilnehmenden Architekten.

Ihr Fokus für die Ausstellung liegt also auf dem Thema Freespace. Worum geht es dabei?
Shelley McNamara Wir beide verwenden den Begriff Freespace sehr häufig, wenn wir an unseren Projekten arbeiten. Wir fragen nach der Freespace-Komponente von jedem Projekt: Wie gehen wir auf Bedürfnisse ein und wo liegt das Potenzial, etwas Zusätzliches anzubieten, das ein Projekt nicht nur zu einem Gebäude, sondern zu einem Stück Architektur macht. Diesen Aspekt nennen wir Freespace. Im Rahmen der Architekturbiennale zeigt der Begriff, dass Architektur wirklich wichtig ist. Wir vergleichen diesen Zusammenhang oft mit der Slow-Food-Bewegung: Wir wissen, dass gute Zutaten eine gute Mahlzeit ausmachen. Ebenso glauben wir, dass Architektur das Leben bereichert. Doch Architektur braucht mehr Unterstützung, mehr Nahrung von der Gesellschaft und von Bauherren. Sie muss beschützt werden, weil ihre Flamme sonst stumpf und immer kleiner wird. Wenn wir als Gesellschaft nicht vorsichtig sind, wird die Macht anderer Berufe wie die des Projektmanagers oder des Immobilienentwicklers, die sich in gewisser Weise als »rationaler« darstellen, die Balance der sozialen und der kulturellen Elemente in der Architektur aus dem Lot bringen. Letztlich hat Architektur eine große soziale Dimension. Das bedeutet auch, dass Nachhaltigkeit viel mehr ist als ein paar hinzugefügte Solarpaneele. Fragen der Kultur, des Kontexts und der Nachhaltigkeit sind viel tiefer in der Gesellschaft verwurzelt, als wir denken.

Wie nähern Sie sich der Idee des Freespace in der Ausstellung an?
SM Wir sind keine professionellen Kuratorinnen, das müssen wir anerkennen. Und wer eingeladen wird, die Biennale in Venedig zu kuratieren, dem bleibt nur wenig Zeit. Aber die Herausforderung kommt zu einem

Sandra Hofmeister What was your reaction when you were asked to curate the 16th Architecture Biennale in Venice?

Yvonne Farrell An exhibition of architecture at that scale has an effect within the profession and a wider public. Therefore it's really phenomenal to have the opportunity to curate the International Architecture Exhibition of La Biennale di Venezia. From December last year on, when we got the phone call from the President of La Biennale di Venezia, Paolo Baratta, we worked on our Freespace Manifesto for the Architecture Biennale. We used the theme »Freespace« like a huge fishing net, trying to emphasize the benefits of architecture. And this also meant that we looked at the exhibition spaces – the freespaces in the Giardini and the Arsenale. For us, those spaces are participants in the Biennale. Being aware that your work will be shown in these amazing buildings also has an impact on the participating architects.

What is your concept of »freespace« about?

Shelley McNamara We both use the term »freespace« a lot when working on our projects. We ask ourselves for the freespace component of each project: How do we deal with the needs, and what has the potential to offer something extra that makes it not only a building project but a piece of architecture? We call this component freespace. When it comes to the Biennale, the term »freespace« is also meant to show that architecture really matters. We often compare this to the Slow Food movement. You know that good ingredients make a good meal; we think that good architecture enriches life. But architecture needs more support and nourishment from society, from clients. It needs protecting, otherwise the flame gets very dull and diminishes. If we are not careful as a society, the power of other professions, such as the project manager and the real estate developer, who present themselves as being more »rational« in a way, tips the balance of the social and cultural ingredient that architecture has to take care of. In the end, architecture has a huge social dimension. That also means that sustainability is much more than clipping-on a few solar panels. The issues of culture, context and sustainability are much more embedded in society.

How do you approach your idea of freespace in the exhibition?

SM We are not professional curators, we have to recognize this. And also, when you are invited to curate the Architecture Exhibition of La Biennale di Venezia Venice you have to hit the ground running, as there is not much time. But this challenge comes at a good moment in our lives because we had done a number of exhibitions in the last years. We have had the experience of thinking very directly about exhibition spaces and about

guten Zeitpunkt, denn wir haben in den letzten Jahren zahlreiche Ausstellungen konzipiert. Dabei hatten wir Gelegenheit, auf sehr direkte Weise über die Ausstellungsräume und die Art und Weise, wie Architektur ausgestellt wird, nachzudenken. Ich nehme an, da wir unterrichten und jedes Jahr Ausstellungen mit Studentenprojekten auf die Beine stellen, hat sich diese Erfahrung mehr und mehr entwickelt – wir müssen sie nur nutzen. Das Ganze ist recht instinktiv. Wir freuen uns sehr darüber, dass unsere Analyse der Ausstellungsgebäude in Venedig – des Arsenale und des Hauptpavillons in den Giardini – zu konkreten Ideen geführt hat, wie wir diese Orte einnehmen können. Das ist einerseits recht einfach, und auf der anderen Seite wird es eine große Wirkung auf die gesamte Ausstellung haben. Wir wollen die spezifischen Qualitäten der beiden unterschiedlichen Gebäude klar zum Vorschein bringen. Wir wollen, dass diese Orte noch stärker wirken als sie irgendjemand in Erinnerung hat. Diese ersten Gedanken haben auch unser inhaltliches Konzept für die Ausstellung beeinflusst. Es gab da diesen befreienden Moment, als wir entschieden haben, einfach mit den Orten zu arbeiten und zu sehen, was sie uns geben.

YF Die Architekturbiennale unterscheidet sich sehr von der Kunstbiennale, bei der die eingeladenen Künstler eine Auswahl ihrer Werke nach Venedig bringen. Bei der Architekturbiennale geht es mehr um Interpretation, um Analyse, um Ideen und Denkanstöße! Manche Teilnehmer lassen sich stark vom Ort beeinflussen. Manche Ausstellungsstücke sind viel greifbarer als andere. Aber insgesamt geht es uns darum herauszustellen, dass die Biennale Lust auf Architektur machen soll. Unsere Hoffnung ist, dass das Freespace-Manifest über die 16. Internationale Architekturausstellung hinaus fortwirken wird.

Sie nutzen den Begriff Freespace auch als Metapher. Bedeutet das, dass Sie auch die politische Dimension von Architektur einbeziehen?

SM Wir glauben, dass Architektur wertgeschätzt werden muss. Sie ist von zentraler Bedeutung für das Leben der Menschen. Sie kann das Leben verbessern, sie kann Menschen neue Gedanken geben. Sie hat die Fähigkeit, dass sich Menschen sicher und beschützt fühlen. Wir nennen das die »free gifts of nature« (»freien Geschenke der Natur«), weil wir glauben, dass es wichtig ist, sich an den Grundlagen der Architektur zu orientieren. Wer beispielsweise über Materialien nachdenkt, der sollte zuerst an Wind, Licht und den Himmel denken. Wie nutzen wir diese Elemente als Materialien, als Ressourcen? Es kann sehr erfrischend sein, über die Anfänge nachzudenken. Wir sollten die einfachen Dinge nicht vergessen, die Architektur ausmachen.

YF Auch die kleinsten Dinge können Freude machen. Wir müssen unser Bewusstsein dahingehend stärken, wie wundervoll die Welt sein kann – wir müssen diese »free gifts of nature« nur wiederentdecken. Wenn wir sie ignorieren, wird es sehr schwierig, bei der Planung eines Gebäudes an ihnen festzuhalten. Eine Eiche im Herbst ist eine wunderbare Erfahrung, und auch einen Freund auf einer Parkbank in der Sonne zu treffen, ist eine wunderbare Architektur-

the subject of exhibiting architecture. I suppose because we teach and organize exhibitions with student projects every year, that experience has built up and we just had to use it. So it is very much instinct. And we were delighted that our first analysis of the two exhibition buildings in Venice – the Arsenale and the Central Pavilion in the Giardini – started to feed into the way we thought about inhabiting them. This is actually really simple on the one hand, and on the other it will have a big effect on the overall exhibition. We want to make more present the particular qualities that those two different buildings have. We want to make these places feel even stronger than anybody remembers them. These thoughts affected the way we thought about the content of the exhibition. There was this moment of liberation when we decided to just work with the place and see what that gives us.

YF The Architecture Biennale is very different than the Art Biennale, where you select the pieces and you bring them to Venice. The Architecture Biennale is more about interpretation, it is an analysis, it is about provoking ideas and thinking! Some participants will be more affected by the places. Some exhibition pieces will be made in a much more tactile way than others. But all in all, what we try to communicate is that the purpose of the Biennale is stimulating a delight in architecture. We hope that the Freespace Manifesto survives beyond the 16th International Architecture Exhibition.

You also use the term freespace as a metaphor. Does that mean you are focussing on the political dimension of architecture?

SM Well, we feel that architecture needs to be valued. It is central to people's lives. It has the capacity to improve lives, it has the capacity to uplift the human spirit. It has the capacity to make people feel secure and safe. We talk about what we call the »free gifts of nature« because we think it's important to go back to the basics of architecture. Thinking about material for example, one should think first about wind, light and the sky. How do we use those elements as materials, as resources? It can be very refreshing to go back to the beginning. We should not forget the simple things that makes architecture.

YF There are pleasures even in the smallest things. We have to heighten our awareness of how wonderful the world can be – and become more aware of the free gifts of nature. If we ignore those natural gifts, it's hard to hold onto them when you are designing an actual building. An oak tree in the autumn is a wonderful experience, and meeting a friend on a park bench in the sunlight is a wonderful architectural experience. Architecture is the span between the most simple things and the most complex, for instance making new cities for 10 million people. It's an incredible discipline, and the older we get, the more we realize that it's a wonderful profession, a highly complex but vulnerable profession. The arrows are coming from everywhere to puncture the balloon of happiness that architecture can contribute to society.

erfahrung. Architektur umfasst das alles – die einfachsten Dinge und die komplexesten Planungen für neue Städte mit 10 Millionen Einwohnern. Es ist eine unglaubliche Disziplin, und je älter wir werden, desto eher realisieren wir, dass es ein wunderbarer Beruf ist, eine sehr komplexe und gleichzeitig verletzliche Profession. Der Ballon des Glücks, den Architektur zur Gesellschaft beitragen kann, wird von allen Seiten mit Pfeilen getroffen.

Aber letztlich sind Sie optimistisch, was die Zukunft angeht?

SM Ja, und viele Leute fragen uns, wie wir so optimistisch sein können.

YF Ein geschätzter Kollege wurde einmal gefragt, wie er so anhaltend optimistisch sein kann. Seine Antwort war: »Ich bin ein Opfer der Hoffnung.«

SM Wissen Sie, Architektur macht einen auf verschiedenen Ebenen zum Optimisten. Sie ist ein sehr stressiger Beruf, aber auch sehr kreativ. Man denkt sich dabei ja ständig neue Welten und Räume für die Zukunft aus, deshalb braucht man für diesen Beruf unbedingt Hoffnung. Wir haben das vorher nie wirklich so formuliert, aber mit den Jahren haben wir entdeckt, dass unsere Arbeit auf Hoffnung fußt.

YF Wir glauben zudem daran, dass Architektur das Leben verbessern kann. Das ist eine Tatsache. Und es ist auch eine Tatsache, dass wir auf der Erde aktuell mehr bauen als je zuvor. Es ist beängstigend: Wir können diesen Planeten entweder komplett vermasseln oder ihn ein klein wenig verbessern. Wir versuchen, das Offensichtliche zu sagen, aber das Offensichtliche ist manchmal fragil. Wir sind seit 40 Jahren tätig. Die Architektur ist es wert. Und die diesjährige Architekturausstellung ist eine gute Gelegenheit aufzuzeigen, welch wichtige Rolle die Architektur spielt!

Warum haben Sie historische Bauten in die Rubrik »Close Encounter. Meetings with remarkable projects« aufgenommen?

SM Wir beziehen uns bei unserer Lehrtätigkeit häufig auf historische Bauten. Wir finden das spannend, weil junge Architekten sich ein hundert Jahre altes Gebäude vornehmen und es zu neuem Leben erwecken können. In der Architektur ist die Zeit nicht linear. Das Werk Louis Kahns etwa ist heute genauso lebendig wie die Arbeiten junger, aufstrebender Architekten. Deshalb wollten wir diese Schätze der Vergangenheit in die Architekturbiennale miteinbeziehen. Das einzige Problem dabei ist, dass die meisten dieser Architekten nicht mehr am Leben sind. Aber das ist für uns kein Grund, ihre Arbeiten auszuschließen. In einem Gespräch sagte Paolo Baratta: »Wir haben verlernt, uns zu erinnern.« Unserer Meinung nach ist es sehr wichtig, noch lebendige Traditionen mit einzubeziehen und die Kontinuität der Architektur aufzuzeigen.

YF Architektur ist eine physische Realität, sie ist keine Abstraktion. Deshalb brauchen wir als Nährboden die Geschichte, die Philosophie, die Landschaft, das Ingenieurswesen – wir müssen aus all diesen Bereichen schöpfen. Der Freespace des Denkens bedeutet, dass wir eine moralische und ethische Pflicht haben, aber auch eine technische und haptische Verantwortung für das Schaffen der Architektur.

But ultimately, you are optimistic about the future...

SM Yes, a lot of people asked us how we can be so optimistic.

YF An esteemed colleague when asked how they could be so continuously optimistic. His answer was, »I am a prisoner of hope.«

SM You know architecture makes you become optimistic at a lot of different levels. It's a very stressful profession, but very creative, you are always imagining new worlds, imagining spaces for the future, so you have to have hope. We've never really articulated that before, but with the years we've discovered that we are operating with hope.

YF It is also our belief that architecture can make life better. That's a fact. And it's also a fact that we are building more on the earth now than ever before. That's really scary: we could make a mess of this planet or we could make it slightly better. We are in the realm of trying to state the obvious, but the obvious is sometimes fragile. We have been 40 years in practice. Architecture is worth it. And this year's Architecture Exhibition is an opportunity to show that architecture matters!

Why did you include historical buildings in the section »Close Encounter. Meetings with remarkable projects«?

SM We often refer to historical buildings in our teaching. We find this interesting because young architects can take a hundred-years-old building and bring it to life. Time is not linear in architecture. The work of Louis Kahn, for instance, is as alive today as the work of a young emerging architect. That's why we wanted to include those treasures from the past in the Architecture Biennale. The only problem is that most of the architects are no longer with us. But we think this isn't a reason to exclude their work. In a discussion with Paolo Baratta, the President of La Biennale, he said, »We have forgotten to remember.« In our opinion, it's very important to include traditions that are still alive, and to show the continuity of architecture.

YF Architecture is a physical reality; it is not an abstraction. Therefore we need to take nourishment from history, from philosophy, from landscape, from engineering – we have to dip into all of those fields. The freespace of thinking means that we have a moral and an ethical duty, but also a technical and haptic responsibility in the making of architecture.

Università Luigi Bocconi, Milan (IT) 2008

Università Luigi Bocconi, Milan (IT) 2008

Entrance Seat at Can Lis, Mallorca (ES) 1973, Architect: Jørn Utzon

Circulation Space, Gallaratese Housing, Milan (IT) 1974, Architects: Carlo Aymonino, Aldo Rossi

Ivry-sur-Seine House, Ivry-sur-Seine (FR) 1969, Architect: Jean Renaudie & Renée Gailhoustet

Cloister: Materials and Light, Le Thoronet Abbey (FR) 1157

Window by Carlo Scarpa, Central Pavilion, Biennale Architettura 2018, Venice (IT)

Entrance Corderie, Biennale Architettura 2018, Venice (IT)

Reinier de Graaf

Reinier de Graaf arbeitet seit 22 Jahren für Office for Metropolitan Architecture (OMA). Er ist einer der neun Partner, die mit 300 Mitarbeitern auf die Standorte Rotterdam, New York, Beijing, Hongkong, Doha, Dubai und Brisbane verteilt sind. De Graaf hat den büroeigenen Think Tank AMO aufgebaut, wichtige Ausstellungen mitkuratiert und ist verantwortlich für zahlreiche Bauten in Europa, Russland und dem Mittleren Osten, wie Holland Green in London (2016), das neue Timmerhuis in Rotterdam (2015), G-Star Headquarters in Amsterdam (2014), De Rotterdam (2013) und die Norra Tornen-Wohntürme in Stockholm. Er hält regelmäßig Vorträge und publiziert über Themen der Architektur. 2017 erschien sein Buch »Four Walls and a Roof«. Das Interview führte Frank Kaltenbach im November 2016.

Reinier de Graaf has been part of the Office for Metropolitan Architecture (OMA) for 20 years and is one of the firm's nine partners. OMA has 300 employees in offices located in cities across the globe: Rotterdam, New York, Beijing, Hong Kong, Doha, Dubai, and Brisbane. De Graaf established AMO (the office's think tank), co-curated exhibitions and was in charge of the realisation of several building and master-planning projects in Europe, Russia, and the Middle East, including Holland Green in London (2016), the new Timmerhuis in Rotterdam (2015), G-Star Headquarters in Amsterdam (2014), De Rotterdam (2013), and the Norra Tornen residential towers in Stockholm. De Graaf frequently lectures and publishes on the state of the architecture profession. His book »Four Walls and a Roof« was published in 2017. This interview was conducted by Frank Kaltenbach in November 2016.

Frank Kaltenbach OMA ist mit dem Slogan »fuck context« berühmt geworden. Ihre wichtigsten Projekte der vergangenen Jahre sind Sanierungen und Erweiterungen, die sehr sensibel mit dem Bestand umgehen. Wie passt das?
Reinier de Graaf Der Ausspruch stammt aus dem Essay »Bigness or the Problem of Large«, in dem wir das Potenzial großer Gebäude für die Stadt thematisieren. Wie alle unsere Texte handelt es sich um eine phänomenologische Beschreibung einer Welt, die uns umgibt und mit der wir uns auseinandersetzen. Wir sind keine Dogmatiker, und es gehört zu unserem Selbstverständnis als Avantgarde, dass wir auf sich verändernde Situationen reagieren und selbst die ersten sind, die sich von ihren eigenen Slogans distanzieren. Seit einigen Jahren müssen wir mit ansehen, wie die gesamte Epoche der Nachkriegsmoderne weltweit gering geschätzt und zum Abriss freigegeben wird. Da erscheint es uns folgerichtig, für deren Erhalt zu kämpfen.

So wie für das ehemalige Commonwealth Institute in London, dem Sie als Design Museum soeben zu einem zweiten Leben verholfen haben?
Das ehemalige Ausstellungsgebäude, in dem sich die Länder des Commonwealth präsentiert hatten, war nach Auflösung des Instituts obsolet geworden. Wer heute die spektakuläre Dachkonstruktion mit der fast sakralen Lichtführung erlebt, kann kaum glauben, dass diese Ikone jahrelang leer stand. Erst der Abriss anderer Nachkriegsgebäude in London versetzte die Denkmalschutzbehörde in Alarmbereitschaft. Sie stellte das Gebäude unter Denkmalschutz. Der Bauzustand war jedoch desolat, die Fundamente marode und der große introvertierte Raum im Inneren lag im Dämmerlicht der schmalen Oberlichtstreifen ohne Fenster zum umgebenden Park. Die Politiker versuchten sogar, das Gebäude wieder von der Denkmalliste zu streichen, um die Kosten für die Erhaltung nicht verantworten zu müssen.
Erst ein Investor hat die Wende gebracht. Gemeinsam mit den Landschaftsplanern West 8 haben wir mit unserer Vision, wie dieses gesamte Areal von Holland Green aussehen könnte, 2008 den Wettbewerb für den Masterplan gewonnen. Dann begann die Suche nach einer sinnvollen Nutzung: Wir untersuchten die Option für einen Konzertsaal für die BBC, offene Bürolandschaften für Firmen wie Google und vieles mehr.
Keines der Konzepte war erfolgreich, aber die Öffentlichkeit wurde auf das Projekt aufmerksam, und letztendlich kam der Kontakt mit dem Design Museum zustande. Das änderte die Situation grundlegend: Bisher versuchten wir, das Gebäude so zu planen, dass es für unterschiedlichste Nutzer attraktiv sein könnte. Von da ab hatten wir einen Nutzer, für den wir ein Gebäude planen konnten.

Frank Kaltenbach OMA spawned the famous »fuck context« quip and received worldwide acclaim for it. But its most important recent projects have been refurbishments and additions that reveal a sensitive approach to the existing building. How does that go together?
Reinier de Graaf That comes from the essay »Bigness or the Problem of Large«, in which we explore the potential large buildings have for cities. Like a lot of our essays, it is phenomenological, a description based on the world we see around us. We are not dogmatic and that means that we respond to changing situations, which, in turn, means that we're the first to abandon our own slogans. For a number of years we've been witnesses to how post-war modernism has not received due regard and is consequently at the mercy of the wrecking ball. We think it's important to fight this tendency and do what we can to try to keep these buildings from being torn down.

One such example is the former Commonwealth Institute in London, which you breathed new life into in the form of the new Design Museum.
The former exhibition building, in which the Commonwealth nations mounted shows, had been closed after the dissolution of the Institute. Anyone who experiences the spectacular roof structure with a light dramaturgy that borders on the divine can't believe that this icon stood empty for so many years. The historic preservation agency finally became alarmed when other post-war buildings in London were demolished. It then added the building to the preservation list. But the building was in very bad shape. The foundations were no longer up to par, and the large introverted space received only dim light from the narrow clerestory glazing – although it would have been possible to have windows facing the surrounding park. The politicians even tried to have the building removed from the list to avoid having to pay for the renovation.
Then an investor entered the process, and that was the turning point. We teamed up with the landscape architects at West 8 to develop a vision of how the entire grounds belonging to Holland Green could look, and we won the competition held in 2008 for the master plan. Then the search for a fitting use began. We made several feasibility studies. We made studies, for example, to determine whether the BBC, which had long desired a concert hall, could move in there, open office spaces for firms such as Google and much more.
Not one of them was successful, but the public took note of the project and eventually we came into contact with the Design Museum. That completely changed the situation: at first we had tried to plan the building in a way that would attract a tenant. From that point on, we had a tenant for whom we could plan a building.

Haben Sie auch den Innenraum gestaltet?
Gemeinsam mit unseren Kollegen von Allies and Morrison, mit denen wir zuvor das Headquarter der Rothschild-Bank in der Londoner City realisiert hatten, wurden wir mit dem Rohbau und der Hülle für das Commonwealth Institute beauftragt sowie mit drei benachbarten Apartmenthäusern. Am nachgeschalteten Wettbewerb für die Ausstellungsräume des Design Museums haben wir uns nicht beteiligt, waren aber mit dem Wettbewerbssieger John Pawson während der Planung ständig in Kontakt.

Wie ist es gelungen, das Gebäude trotz der schwierigen Voraussetzungen zu retten?
Es war klar, dass die öffentliche Hand finanziell nicht in der Lage sein würde, die Kosten alleine zu tragen. Gleichzeitig befindet sich das Grundstück in einer der attraktivsten Lagen eines boomenden globalen Immobilienmarkts für Luxusapartments – in unmittelbarer Nähe zu den großen Museen in Kensington. Es lag also nahe, dass der Investor der Stadt vorschlug, die Kosten für die Sanierung des Bestandsgebäudes zu übernehmen, wenn er im Gegenzug das Baurecht für neue Wohnungen auf dem Grundstück erhält. Natürlich ist die Schaffung von Luxusapartments nur in begrenztem Umfang sozialverträglich, in diesem Fall aber tragen sie zum Wohl der Allgemeinheit bei.

Sie haben den Querriegel des Bestandsgebäudes, der unter dem geschwungenen Dach durchlief, einfach abgerissen. Weshalb?
Das ist ungewöhnlich bei einem denkmalgeschützten Gebäude, aber der Teilabriss war durch die Wettbewerbsausschreibung vorgegeben. Die architektonische Qualität dieses Gebäudetrakts mit Nebenräumen war nicht gerade herausragend und unserem Entwurf kam dessen Abriss zugute. Wir haben den erhaltenswerten Teil des Bestands mit den drei Wohngebäuden zu einer Matrix aus vier Würfeln ergänzt. Die fließenden Freiräume sind genauso wichtig wie die Gebäude. Heute ist die Wirkung des Bestandsgebäudes viel klarer als im Originalzustand, und der Verzicht auf diesen Riegel war die Voraussetzung dafür.

Was waren Ihre wichtigsten Eingriffe, um eine neue Nutzung des denkmalgeschützten Gebäudes zu ermöglichen?
Die Sicherung des Zeltdachs. Letzten Endes mussten wir das gesamte Gebäude unterhöhlen, die Stahlbetonpfeiler schienen während der Baustelle auf dünnen Stahlsprießen zu schweben. Die größte positive Überraschung für uns war, dass wir die nur 8 Zentimeter dicke gekrümmte Betonschale ohne weitere Ertüchtigung erhalten konnten. Die vier diagonalen Zangenträger in den Gebäudeecken wurden zu Kastenträgern verstärkt, und das Regenwasser, das sich an nur vier Punkten zu regelrechten Sturzbächen sammelte, wird mit einem Unterdrucksystem verteilt. Der größte Interessenkonflikt bestand darin, die blaue umlaufende Einscheibenverglasung durch eine Isolierverglasung zu ersetzen und eine ausreichende Anzahl Lochfenster in die dahinterliegende, einst geschlossene Backsteinwand zu integrieren, um ausreichend Tageslicht in die Verwaltungsräume zu bekommen – und das alles, ohne wesentlich vom originalen Erscheinungsbild abzuweichen.

Did you also design the interiors?
In conjunction with our colleagues at Allies and Morrison – with whom we had built the headquarters of the Rothschild Bank in the City of London – we were commissioned with the Commonwealth Institute's building carcass and envelope, as well as with the three neighbouring apartment cubes. The Office of Metropolitan Architecture did not take part in the subsequent competition for the interiors of the Design Museum. But during the planning we were in close contact with John Pawson, who won the competition.

How was it possible to save the building despite the difficult parameters?
It was clear that the public sector would not be in a position to fund the project alone. At the same time, in light of the booming international real estate market, this site is in one of the most desirable locations for high-end apartments – for example, it's very close to the large museums in Kensington. And so, for obvious reasons, the investor proposed to the city that he would cover the costs of refurbishing the existing building if in return he received permission to build new apartments on the site. Of course, erecting high-end apartments is only socially compatible at a limited scale, but in this case they do contribute to the common good.

You had the transverse wing of the existing building—which passed beneath the curved roof—torn down. Please tell us how that came to pass.
That is out of the ordinary for a listed building, but a partial demolition was required by the competition brief. The architectural quality of that wing was not exactly outstanding, and its removal was good for our design. We combined the parts of the building worth preserving with three residential buildings to arrive at a matrix of four cubes. The continuum of outdoor spaces is as important as the buildings. Now the effect made by the existing building is much clearer than before, and being able to discard the wing was the basis for this.

What were the most important measures taken to ensure that a new use be found for the listed building?
First of all, repairing the tent roof. In the end, however, we had to shore up the entire building. During the construction phase the reinforced concrete piers seemed to float on slender steel stays. The biggest surprise was that we would not have to retrofit the 8-centimetre-thick curved concrete shells. The four oblique piers in the corners of the building were upgraded to box trusses, and the rainwater that collected in only four spots, and therefore took on torrential force, is now distributed via a negative pressure system. The biggest quandary involved replacing the blue-toned, single-pane glazing with double glazing and placing enough windows in the formerly window-free brick wall to bring sufficient daylight into the administration spaces – and to achieve all of that without veering too far from the original appearance.

Wie haben Sie das geschafft?
Mit einer Siebbedruckung, deren Punkte auf der Außenseite blau und innen schwarz sind. Durch den hellen Hintergrund des Parks nimmt das Auge das dunkle Punktraster kaum wahr, der Blick ins Grüne ist so gut wie ungetrübt. Von außen sind die Fensterausschnitte dagegen bei Tag kaum sichtbar.

Die Apartmentgebäude erinnern an das Timmerhuis in Rotterdam, das Sie vergangenes Jahr fertiggestellt haben. Gibt es Parallelen?
In Bezug auf die Aufgabenstellung und die Rahmenbedingungen sind die zwei Projekte grundverschieden. Das Timmerhuis ist ein absolutes Low-Budget-Projekt mit günstigen Wohnungen in den Obergeschossen, Büroflächen für die Stadtverwaltung und dem Rotterdam Museum im Erdgeschoss. Deshalb ist die Struktur denkbar einfach und ökonomisch: Ein Stahlskelett aus identischen Würfeln, das im Erdgeschoss weit auskragt, um für die Öffentlichkeit durchlässig zu sein. Bei Holland Green ist der an der Straße gelegene Würfel im Erdgeschoss ebenfalls offen – als Portal zum gesamten Areal. Timmerhuis und Holland Green sind abstrakte Gebäude, die sich dem Chaos der umgebenden Architekturstile entziehen.

Von außen machen die Würfel des Timmerhuis den Eindruck, als hätten sie nichts mit dem flankierenden Bestandsbau aus den 1950er-Jahren zu tun.
Das scheint nur so. Alt- und Neubau sind auf geradezu symbiotische Weise miteinander verwoben. Im Neubau liegt die wichtigste Vertikalerschließung mit breiten Treppen und Aufzügen. Im Dachstuhl des Altbaus ist dagegen ein Großteil der Haustechnik des Neubaus untergebracht. Das ermöglichte uns, die Decken, Dachterrassen und Dachaufsichten fast völlig von technischen Anlagen frei zu halten, was einen ungestörten Anblick auf die Reinheit, Luftigkeit, Leichtigkeit und Transparenz des modernen Gebäudes zur Folge hat. Sie werden auf diese Art heimlich subventioniert, weil wir das Alte für das Neue arbeiten lassen. Das Alte übernimmt nun tatsächlich viele neue Funktionen, die es vorher nicht hatte, einfach um die Reinheit des Neuen zu bewahren.
Beim Garage Museum in Moskau verhält sich das genau entgegengesetzt. Dort haben wir die Gebäudetechnik in den Zwischenraum der neuen Doppelfassade aus Polycarbonat gelegt, um die archaische Wirkung der historischen Stahlbetondecken möglichst wenig abzuschwächen.

Beim Timmerhuis stellen Sie das Tragwerk in den Atrien wie bei vielen Ihrer Gebäude geradezu zur Schau. Die Apartmentwürfel in Holland Green in London sind dagegen mit Kalkstein verkleidet und haben nicht den für OMA so typischen rauen Charme. Hätten Sie dort lieber mit einem sichtbaren Stahlbetonskelett gearbeitet?
Ehrlich gesagt, ja. Die Leute in Kensington und Chelsea sind so konservativ, dass sie am liebsten jede Veränderung komplett verhindern würden. Der Naturstein war von der Stadt vorgegeben. Wir haben dann einen Stein gewählt, der der Oberfläche

How did you manage that?
With a silkscreen print whose dots are blue on the outside and black on the inside. Because the background – the park – is light in hue, the human eye barely notices the dark dot matrix, so the view out to the vegetation is almost completely clear.

The apartment buildings remind me of the Timmerhuis in Rotterdam that you completed last year. Are there parallels?
The two projects differ fundamentally with respect to the brief and the parameters. The Timmerhuis is a low-budget project with the Rotterdam Museum on the ground floor, and offices for city administration and apartments that nearly anyone can afford on the upper levels. That's why its structure is simple and economical: a steel frame of identical cubes that juts out far on the ground floor to be open for the public. At Holland Green, the cube on the ground floor is also open on the ground floor, as a portal to the whole site. Timmerhuis and Holland Green are abstract buildings that elude the chaos of the surrounding architectural styles.

From the exterior, the Timmerhuis's cubes seem as if they have nothing to do with the adjoining existing building dating to the 1950s.
That only seems superficially to be the case. In fact, the existing building and the new one are now what we might call symbiotically interwoven. The most important vertical circulation – with broad stairs and elevators – is situated in the new part. The attic of the existing building, in contrast, holds most of the new structure's building-services equipment, which means that you look at the purity of the modern building, the airiness, the lightness, and the transparency. They are in a way secretly subsidised because we have the old working for the new. The old actually has a lot of new functions that it never had, simply to preserve the purity of the new.
At the Garage Museum of Contemporary Art in Moscow we have the exact opposite situation. In that case we put the building services equipment in the cavity of the new double polycarbonate facade, to take as little as possible away from the archaic effect of the existing reinforced concrete ceilings.

Like in many of your designs, the Timmerhuis showcases load-bearing structure. In contrast, the apartment cubes in Holland Green in London are clad in limestone and don't have the rough charm so typical of OMA. Would you have preferred to work with a visible reinforced concrete frame there?
Frankly, yes. You must imagine, all this is Kensington and Chelsea, probably one of the most right-wing areas in the whole of England, where the Conservative Party always rules, and where a lot of people didn't want anything to be built. The city stipulated stone. So ultimately we selected the stone that most resembles the surface of the concrete. Our

von Beton möglichst nahekommt. Unsere Kollegen von Allies and Morrison haben die Fassade mit wirklich perfekten minimalistischen Details realisiert, dabei kam ihnen zugute, dass mit dieser Sorte Kalkstein dünnere Plattenstärken möglich sind als mit faserbewehrtem Beton. Wir können sehr gut mit dem Ergebnis leben, weil durch die vornehme Oberfläche der Wohnhäuser die raue Stahlbetonkonstruktion des Bestandsgebäudes noch besser zur Geltung kommt.

Holland Green und Timmerhuis wirken gegen die Prada Foundation mit ihrem vergoldeten Haunted House etwas spröde. Welchen Stellenwert hat für Sie die Materialität?
Einen sehr hohen. Die Prada Foundation wird entsprechend dem Kontext aus Glamour, Mode und Kunst von Gold geprägt, das Design Museum vom Kupfer der historischen Dachdeckung. Beim Timmerhuis dominiert das Silber durch die reflektierende silbergraue Glasfassade.

Wie groß ist der Anteil an Sanierungsprojekten bei Ihren Aufträgen?
Inzwischen hat bereits jedes zweite unserer Projekte in großem Umfang mit Restrukturierungen zu tun. Die Umbauten des Hotels Furkablick auf einer Schweizer Passhöhe waren 1991 noch recht bescheiden. Mit dem Projekt Beijing Preservation 2003, das die Erhaltung der historischen Hutong-Quartiere zum Ziel hat, und mit der Neuprogrammierung der Kohlenwäsche auf dem Areal der ehemaligen Zeche Zollverein in Essen 2007 haben diese Projekte einen großen Maßstab angenommen.

Mit den Ausstellungen »Cronocaos« (2016) und »Elements« (2014) hat AMO dem Anliegen, alte Baukultur vor dem endgültigen Verlust zu retten, noch mehr Dringlichkeit verliehen. Was bedeuten diese theoretischen Auseinandersetzungen für die Arbeit von OMA?
Sie sind extrem wichtig! Natürlich hilft uns das, unsere Position zu schärfen und unabhängig von konkreten Projekten unsere Haltung zu reflektieren. »Cronocaos« steckt in vielen unserer Projekte.

Können Sie das genauer erklären?
Die Historie eines alten Bauwerks ist meist nicht eindeutig. Viele Schichten überlagern sich. Dazu kommt die Ebene, die wir selbst hinzufügen, sowie die Bewertung des Bestands, die einen Teilabriss zur Folge haben kann oder bisher ungeliebten Schichten zu einer gleichberechtigten Koexistenz verhelfen kann. Um ein Gebäude zu erhalten, ist es unvermeidbar, eine nachhaltige Nutzung dafür zu finden. Allein das ist schon eine genetische Manipulation der Geschichte.

An welchen Beispielen zeigt sich das am deutlichsten?
Bei der Prada Foundation mussten wir im Zentrum des Areals Platz schaffen, um unser Konzept eines flexiblen Ausstellungs- und Veranstaltungsgeländes zu verwirklichen. Das Projekt lebt vom Kontrast zwischen neuen und vorhandenen Oberflächen, zwischen historischen zimmerartigen Räumen und neuen weitläufigen Ausstellungshallen. Jedoch kann der Besucher nie mit Gewissheit sagen, was rekonstruiert, was saniert und was hinzugefügt ist.

colleagues at Allies and Morrison did a tremendous job of detailing the minimalist facade. Perhaps they benefited from the fact that this type of limestone is available in smaller thicknesses than fibre-reinforced concrete panels are. I'm not unhappy with the whole result, because the fact that the new buildings are concrete makes the concrete skeleton that emerges from under the roof of the existing building stand out even more.

Compared to the Prada Foundation with its golden Haunted House, Holland Green and Timmerhuis are rather gritty. What value is placed on materiality?
Very high value. In keeping with its fashion and art context, the Prada Foundation is steeped in gold, the Design Museum in the copper of the historic roof sheeting, and the Timmerhuis in the silver of the reflective glazed facade.

What percentage of your projects involve working with existing buildings?
In the meantime, roughty every second project has to do with refurbishment work in a wider sense. But the topic isn't new to us. The renovation of the old Furkablick Hotel on an alpine site in Switzerland, which we did in 1991, was still rather modest in scale. But more recent projects, such as the Beijing Preservation Project (2003), whose goal is to preserve the city's Hutong districts, and the restructuring of the coal refinery at the former Zollverein Coal Mine in Essen (2007), deal with the large scale.

With »Cronocaos« (2010) and »Elements« (2014) you drew attention to the vulnerability of old buildings. What meaning do these theoretical debates have for your work?
They are extremely important! Of course, our involvement in the theoretical discourse helps up to sharpen our position and to reflect on it independent of concrete projects. Cronocaos is present in many of our projects.

Could you please give me a few details?
The story of an old building is rarely clear-cut. Many layers overlap, and we add a new layer. The evaluation of the existing building may end up recommending a partial demolition. On the other hand, it may rehabilitate previously unloved layers. Preserving a building often requires finding a sustainable new use for it. That alone is already like genetically manipulating history.

Which examples illustrate that most clearly?
For the Prada Foundation, we had to make room at the centre of the complex for our concept for a flexible exhibition and event campus. The project thrives on the contrast between new and old surfaces, existing compartment-like spaces and vast new exhibition halls. Still, the visitor can never be certain exactly what has been reconstructed, refurbished, or added.

Der Baubestand des Garage Museum in Moskau war für ein Ausstellungsgebäude schon ziemlich derb. Wir haben diesen rauen Charakter durch unprätentiöse Details noch verstärkt. Wir wollten damit die Grenze zwischen dem Authentischen und dem Nicht-Authentischen verwischen. Einige Besucher haben sogar gedacht, wir hätten das große Wandmosaik im Foyer der ehemaligen sozialistischen Kantine selbst entworfen. Dieser Ansatz deckt sich mit unseren Forschungen und Texten über das Künstliche und die Tatsache, dass Authentizität ein Mythos ist.

Der Fondaco dei Tedeschi neben der Rialtobrücke in Venedig wurde zu einem Nobelkaufhaus. Ist das nicht dekadent?
Wenn wir alte Bausubstanz erhalten möchten, müssen wir auch jemanden finden, der das letztendlich bezahlt. Der Fondaco ist eines der ganz wenigen Gebäude am Canal Grande, die für die Öffentlichkeit zugänglich sind. Allein diese Tatsache ist ein Gewinn für die Stadt. Rolltreppen befördern den Besucher auf einem fahrenden roten Teppich bis zur begehbaren Glasdecke, die zur Dachterrasse mit Blick über die Stadt führt. Dieser Weg durchquert eine Collage, bestehend aus der Säulenhalle aus dem 16. Jahrhundert, Holztüren aus den 1950er-Jahren, als das Gebäude noch als Hauptpostamt genutzt wurde, und neu ergänztem hellem Terrazzo. Venedig und speziell dieses Gebäude waren als Handelsstandort schon immer exklusiv und international. Insofern passt der Inhalt zum baulichen Konzept.

Zwar unterscheiden sich die einzelnen Projekte von OMA stark, dennoch ist ein gemeinsamer Ansatz erkennbar. Wie erreichen Sie diese Kontinuität trotz aller Individualität?
Unsere Handschrift heißt Diversität. Das erlaubt den Partnern einen individuellen Gestaltungsspielraum und dennoch: Die verbindende Grundlage der Projekte ist nicht nur eine kohärente Formensprache, sondern eine kohärente Art zu denken. Für die Prada Foundation, den Fondaco dei Tedeschi und jetzt für den Umbau des KaDeWe in Berlin ist mein Partner Ippolito Pestellini Laparelli verantwortlich, dessen Affinität zum Bühnenbild und zu Künstlern wie Giorgio de Chirico nicht zu übersehen ist. Bei mir spielt der Strukturalismus eine wichtige Rolle, der sich aus meinem Studium in Delft und Erfahrungen vor meiner Zeit bei OMA begründet. Rem Koolhaas, der gleichberechtigt als Partner seine eigenen Projekte wie etwa die kleine Eremitage in St. Petersburg verantwortet, hat wieder einen anderen Background. Letztendlich haben wir ein natürliches Nachfolgemodell: Die Firma ist größer als das Individuum.

Ist Rem Koolhaas immer noch der Spiritus Rector aller OMA-Projekte?
Zweifellos nimmt er als Gründer eine herausragende Rolle ein, schließlich ist er auch bei Weitem am längsten dabei. Ein wesentlicher Grund für den Erfolg von OMA ist aber, dass wir – im Gegensatz zu vielen anderen bekannten Büros – nicht mehr auf die Person eines Stararchitekten fixiert sind, sondern alle Kräfte eines Kollektivs mobilisieren können. Das Denken ist konsistent,

The existing substance of the Garage Museum of Contemporary Art in Moscow was quite rough for an exhibition building, and we elected to underscore this character with our roughly detailed additions. And I think we did a very good job of blurring the line between authentic and the nonauthentic. Some of the museum-goers even thought that we had designed the large wall mosaic in the foyer of the former socialist cafeteria ourselves. This approach corresponds to our research and essays discussing the artificial and the fact that »authenticity« is a myth.

Fondaco dei Tedeschi, located right next to the Rialto Bridge in Venice, was transformed into a high-end department store, instead of, for example, showcasing local products on a site so close to the fish market. Isn't that a bit decadent?
If we want to to preserve the old fabric, we need to find someone to eventually pay for that. The Fondaco is one of the very few structures on Canal Grande that is accessible to the public. When we want to preserve old building substance, we also have to find someone who will pay for it. Now escalators bring the visitors up to a roof terrace with a view of the city. This path passes through a collage consisting of a 16th-century columned hall, wood doors dating to the 1950s – when the building was used as a post office – and recently added terrazzo. Venice and this building in particular were always involved in international commerce. Thus, this new use fits in well with that history.

On the one hand, individual projects by OMA differ significantly, on the other, a common approach is discernible. How do you attain this continuity despite all the individuality?
Our signature is diversity. That allows the partners some leeway. Nevertheless, the common ground is not only a coherent formal vocabulary, but also a coherent way of thinking. My partner Ippolito Pestellini Laparelli – whose affinity to stage design and artists such as Giorgio de Chirico cannot be overlooked – is in charge of the Prada Foundation, the Fondaco dei Tedeschi, and now the renovation of the KaDeWe, short for »Kaufhaus des Westens« [Department Store of the West], in Berlin. In my case, in contrast, structuralism plays an important role, and that has to do with my having studied in Delft and with experiences I had before I began to work at the Office of Metropolitan Architecture. Rem Koolhaas, who, as a part of the collective, is responsible for his own projects – for example, the Small Hermitage in St. Petersburg, which is also a refurbishment project – has his own background. In effect, we have a natural succession model: the firm is bigger than any of us individually.

Is Rem Koolhaas still the spiritus rector of all OMA projects?
Of course, as the founder of the Office of Metropolitan Architecture he plays a crucial role – ultimately, he's been involved in the firm far longer than anyone else. But a major reason for OMA's success is that – in contrast to many other famous offices – we are no

aber der formale Ausdruck der Gedanken ist collagenartig, variiert im Laufe der Zeit, und das gibt unserem Denken viele verschiedene Ausdrucksformen. Die neun Partner pflegen einen intensiven persönlichen Austausch. Natürlich hat jeder, der eines der internationalen Büros leitet, eine intensive Zeit im Headquarter in Rotterdam verbracht, sodass alle Satelliten auf derselben Wellenlänge senden.

Im Design Museum ist AMO mit der Installation »Fear and Love« vertreten. Welche Bedeutung hat sie?

Vor Jahren haben wir eine alternative Flagge für die Europäische Union entwickelt. Der Brexit diente uns jetzt als Anlass, erneut auf den friedenserhaltenden Auftrag Europas hinzuweisen: Unser paneuropäisches Wohnzimmer zeigt Designikonen vor dem Hintergrund der Geschichte: Vertikallamellen in den Flaggenfarben verdecken ein wandgroßes Bild des kriegszerstörten Rotterdam. Die Lamelle mit der britischen Flagge ist herausgebrochen und liegt am Boden.

Gibt es ein historisches Gebäude, zu dem Sie eine ganz persönliche Beziehung haben, das Sie ohne jede Veränderung gerne erhalten möchten?

Diese Frage stellt sich in der Praxis für OMA nicht. Für detailgetreue Sanierungen gibt es andere Architekten. Bauherren, die uns beauftragen, erwarten eine Neuprogrammierung – mit dem Ziel, aus der physischen Materie vergangener Epochen und einer Vision für die Zukunft ein Raumerlebnis zu schaffen, das eine ganz konkrete Bauaufgabe an einem ganz konkreten Ort mit unseren heutigen Mitteln möglichst präzise auf den Punkt bringt.

longer fixated on a single signature architect but join forces as a collective. The thinking is consistent, but the formal expression of the thinking is very collage-like, varies over time, and that gives our thinking many different expressions. All nine partners share their work internally, and there's a lot of dialogue and debate. That means, of course, that we make several trips around the globe every year. The international offices are headed by people who have spent a lot of time in the Rotterdam office, and so all of the satellites march to the same beat.

At the Design Museum, there is an installation by AMO entitled »Fear and Love«? What is that about?
Years ago we developed an alternative flag for the European Union. Brexit provided us the opportunity to once again point out the significance a common Europe has regarding maintaining peace: vertical louvres in the colours of the flags of the member states conceal a wall tapestry with the image of war-devastated Rotterdam. The louvre with the British flag became dislodged and fell to the floor.

Is there a historic work of architecture that you have a personal connection to and would like to see preserved without any alterations whatsoever?
At the Office of Metropolitan Architecture, we wouldn't phrase the question quite like that. There are other firms that do painstaking restorations of buildings. The clients who come to us expect us to re-program their buildings – they want us to create a new spatial experience out of the physical substance of past eras and to come up with a vision of the future. So, to get to the heart of the matter, our task is to develop a design for a very concrete program and a very concrete location.

Garage Museum of Contemporary Art, Moscow (RU) 2015

Fondaco dei Tedeschi, Venice (IT) 2015

Design Museum, London (UK) 2016

Timmerhuis, Rotterdam (NL) 2016

Prada Foundation, Milan (IT) 2015, 2018

FONDAZIONE PRADA

Prada Foundation, Milan (IT) 2015, 2018

Santiago Calatrava

Santiago Calatrava arbeitet als Architekt, Künstler und Bauingenieur und leitet eigene Büros in New York, Zürich und Valencia. Er ist vor allem für seine zahlreichen Brücken- und Verkehrsbauten bekannt, aber auch Museen und Konzerthäuser gehören zu seinem Oeuvre. Zum Gespräch im Jahr 2010 mit Christian Schittich und Andreas Gabriel in seinem Zürcher Büro ließ er kiloschwere Skizzenbücher herbeischleppen, mit denen er eindrucksvoll den Formfindungsprozess seiner Entwürfe belegte.

Santiago Calatrava works as an architect, artist and structural engineer and has his own offices in New York, Zurich and Valencia. He is primarily known for his numerous bridges and transport facilities, but his work also includes museum buildings and concert halls. For the interview with Christian Schittich and Andreas Gabriel in his Zurich office in 2010 Calatrava had heavy sketchbooks brought along, with which he impressively corroborated his form-finding process.

Christian Schittich & Andreas Gabriel Sie entwerfen außergewöhnliche Bauwerke in unterschiedlichen Ländern und sind gleichzeitig Ingenieur, Architekt und auch Künstler. Was ist Ihre Vision in der Architektur?
Santiago Calatrava Was ich als Maler oder Bildhauer mache, ist ein wichtiger Bestandteil meiner Arbeit. Hier im Büro verfüge ich über eine Werkstatt, in der wir nicht nur Architekturmodelle anfertigen, sondern auch Skulpturen. Ab und zu entwerfe ich auch einzelne Möbel; im Atelier in New York male ich. Grundsätzlich bleibt meine Arbeit als Maler oder Bildhauer sehr persönlich, findet jedoch auch ihren Ausdruck in meiner Architektur. Bereits bei einem meiner ersten Projekte, einem Lagerhaus in Coesfeld-Lette, fassten wir die verschiedenen Fassaden wie Bilder auf und entwarfen spezielle Tore, die eine mechanische Skulptur darstellen. Auch in späteren Bauten versuchte ich stets, etwas von meiner Tätigkeit als Bildhauer einzubringen.

Sind Ihre Gebäude demnach gebaute Skulpturen?
Von der Vergangenheit kann man lernen, dass die Architektur sich bei jeder anderen Kunst bedienen kann. Eine gotische Fassade dient vor allem dazu, die Skulptur zu tragen; bei der Sixtinischen Kapelle ist die ganze Architektur darauf ausgerichtet, die Malerei aufzunehmen; sie bedient sich ihrer als Ausdrucksmittel. Mir schien, dass ich den plastischen Ausdruck meiner Skulpturen auf ähnliche Weise nutzen kann, um ein Vokabular für die Architektur zu entwickeln. Am Anfang war das sehr formalistisch ausgelegt, vielleicht etwas getarnt durch einen Sinn für den Fluss der Kräfte. Später erlebte ich, dass es zu einem Trend wurde, Architektur auch als Skulptur aufzufassen. Ich konnte spüren, dass Alexander Calder, Jean Dubuffet oder Henry Moore in ihren letzten Arbeiten eine enorme Sehnsucht nach architektonischen Formen gehabt haben mussten. Das heißt auch, dass Architektur mit den Maßstäben der Skulptur gemessen werden kann. Ich kann die Sprache bestimmter Bildhauer auch aus dem Blickwinkel des Ingenieurs betrachten: Alexander Calder schweißte Bleche, er benutzte Nieten und krümmte Bleche. Letztlich bediente er sich auch einer Ingenieursprache, um einen Ausdruck zu finden.

Warum haben Sie nach dem Architekturstudium noch ein Bauingenieurstudium aufgenommen? Das ist ja nicht gerade üblich.
Um ehrlich zu sein, wollte ich mit 23 Jahren noch nicht in die krasse Realität des Berufslebens einsteigen, und so studierte ich zunächst noch an der ETH Bauingenieurwesen. Nach meiner Dissertation gewann ich mit einem Kollegen den Wettbewerb für den Bahnhof Stadelhofen, und so hatten wir Arbeit für sieben Jahre.

Sie decken immer beide Leistungsbilder ab, Architektur und Tragwerksplanung?
In der Regel übernehmen wir die Tragwerksplanung sowie die Landschaftsarchitektur,

Christian Schittich & Andreas Gabriel You design exceptional structures in various countries. You're an engineer, an architect and an artist all in one. What is your architectural vision?

Santiago Calatrava The things I create as a painter or sculptor are an important part of my work. Here in the office, I have a workshop where we make not just architectural models, but sculpture, too. Occasionally, I also design a piece of furniture. In the New York studio, I paint. My work as a painter and sculptor is very personal, but it nevertheless finds expression in my architecture as well. In one of my first projects, a warehouse in Coesfeld-Lette, north Germany, we regarded the various facades as pictures and designed special gates that represent a mechanical sculpture. In later buildings, too, I always tried to incorporate something of my sculpting activities.

Could one regard your structures as built sculptures, then?

One thing to be learned from the past is that architecture can avail itself of the other arts. A Gothic facade serves above all as a vehicle for sculpture. The entire architecture of the Sistine Chapel is aimed at accommodating the painting. It seemed to me that I could use the three-dimensional expression of my sculptures in a similar way: to develop a vocabulary in architecture. Initially, this had a very formal interpretation, masked a bit perhaps by a sense of the flow of forces. Later, I witnessed how it became a trend to regard architecture as sculpture. I sensed how Alexander Calder, Jean Dubuffet and Henry Moore must have felt an enormous craving for architectural forms in their last works. That means, of course, that architecture can be assessed by the criteria of sculpture. I can interpret the language of certain sculptors with the eyes of an engineer: Alexander Calder welded metal sheeting; he used rivets and sheet metal that he bent into shape. In the final analysis, he availed himself of the language of engineers to find the appropriate expression.

Why did you study engineering after your architectural studies?

To be quite honest, I didn't want to enter into the stark reality of professional life at the age of 23. So I went on to study structural engineering at the ETH [in Zurich]. After completing my dissertation, I won the competition for the Stadelhofen railway station, together with a colleague, as a result of which we had seven years' work.

You always cover both fields: architecture and structural engineering?

As a rule, we do the structural engineering as well as the landscape architecture in-house. We also build the models ourselves and – at least at the preliminary planning stage – are

wir bauen die Modelle selbst und beschäftigen uns zum Teil, zumindest in der Vorplanung, mit den technischen Anlagen. Ich versuche, das Gegenteil der Trennung der Disziplinen zu erreichen. Auch führen wir kein Doppelleben mit einfachen Projekten und ab und zu etwas Besonderem.

Sie sind Ihrer Architektursprache von Anfang an relativ treu geblieben – ohne großen Wandel wie bei manch anderen.
Ich habe immer versucht, meine eigene Sprache zu sprechen, und denke, das ist ein Recht, das man hat – auch wenn manche Leute dies als eine gewisse Art von Arroganz empfinden mögen. Ich profitierte natürlich auch von Lehrern, aber meine Schule ist letztlich meine eigene: Ich habe Michelangelo studiert, auch Borromini, mich vorsichtig mit Gaudí befasst sowie die Bauten von Louis Kahn besucht. Ich bin als Student sehr viel im Mittelmeerraum gereist und habe die klassischen Städte besucht, aber schlussendlich fand ich, dass es als Architekt wichtig ist, eine eigene Aussage zu treffen. Das bedeutet nicht, dass man gänzlich autonom sein kann, natürlich ist man immer Einflüssen unterworfen, aber grundsätzlich hatte ich immer die Ambition, meine eigenen Ideen zu verwirklichen und auch meine eigenen Gefühle in meine Bauten einzubringen.

Macht es Sie unabhängiger, dass Sie gleichzeitig Ingenieur, Künstler und Architekt sind?
Meine Entscheidung, mich in so vielen Feldern zu bewegen, ist vielleicht ein Ausdruck der Neugierde und der Suche nach den Grenzbereichen. Ich habe das immer als eine Quelle der Innovation empfunden.

Nun gehorcht ein Bauwerk aber anderen Gesetzen als eine reine Skulptur.
Was die Architektur besonders macht, ist letztlich ihre Funktionalität – Architektur muss sich an Funktionen anpassen, muss dienen und nützlich sein. Sie ist Zwängen unterworfen, denen sich ein reiner Bildhauer nicht fügen muss. Auf der anderen Seite macht gerade das die Architektur spannend, darin liegt ihr philanthropisches Geheimnis. Wenn Architektur dient und funktional ist, geht sie mit den Menschen und auch mit dem Entwerfer ein Liebesverhältnis ein. Das finde ich sehr schön.

Ihre Bauwerke distanzieren sich oft von der Umgebung …
Ich habe einige Gebäude entworfen, die sich vom Kontext absondern – meistens aus dem einfachen Grund, weil er so hässlich war, wie etwa beim Bahnhof in Lissabon, der auf dem Gelände einer ehemaligen Ölraffinerie mit vergiftetem Boden entstand. Wenn man in so einem Kontext arbeitet, gibt es nicht viel, um anzuknüpfen. Ich habe aber auch in eindrucksvollen Landschaften gebaut, wie in der spanischen Provinz Rioja. Nahe der Ortschaft Laguardia durfte ich inmitten einer wunderbaren Landschaft mit Felsen und Hügeln unterhalb einer Gebirgswand ein relativ großes Gebäude für eine Weinkellerei errichten. Mehr oder weniger einen Industriebau, der einfach funktionieren musste. Ich sah mich mit der Herausforderung konfrontiert, etwas zu entwerfen, das sich möglichst gut in die

concerned with the technical installations. I try to avoid the division of disciplines. We don't lead a double life, doing simple projects and occasionally something special.

You've remained relatively true to your architectural language from the very beginning.
I have always attempted to speak my own language, and I think that's a right one has, even if some people may see it as a form of arrogance. I profit from teachers, of course, but ultimately my school is my own. I've studied Michelangelo and Borromini; I've ventured cautiously in the direction of Gaudi and visited Louis Kahn. As a student, I travelled a lot in the Mediterranean area and visited the classical cities, but in the end I discovered that it's important as an architect to come up with a statement of one's own. That doesn't mean a person can be entirely autonomous; one is constantly subject to outside influences. But I always had the ambition to bring my own ideas to fruition and to incorporate my own feelings in my buildings.

Does the fact that you're an engineer, an artist and an architect give you greater independence?
My decision to be active in many different fields is perhaps an expression of curiosity and the wish to explore things to the limit. I've always regarded that as a source of innovation.

Even so, a building structure obeys different laws than a pure sculpture.
What makes architecture special is its functional aspect. It plays a serving role; it has to be useful. It is subject to constraints that do not concern a sculptor. On the other hand, that's precisely what makes architecture exciting: it's where its philanthropic secret lies. If architecture plays a functional, serving role, it enters into a relationship of love – with people in general and with the designer, as well. That's something I find very beautiful.

Your buildings often dissociate themselves from their surroundings ...
Some buildings I have designed are detached from the context – usually because it was so ugly, as in the case of Lisbon station, which was erected on the site of a former oil refinery with polluted soil. When you work in a context like that, there's not much to latch on to. I have also built in impressive landscapes, though, such as the Spanish province of La Rioja. Close to Laguardia, I was able to erect a relatively large building for a winery in the midst of a wonderful rocky landscape. It was more or less an industrial structure that simply had to function properly.
I was faced with the challenge of designing something that should be integrated as far as possible into the landscape. That was why I adopted the colours of the surroundings, using ochre and wood tones, together with grey aluminium, which corresponded to the colour of the rocks. Similarly, the roof form, which reflects one of my sculptures, makes reference to the surroundings.

Landschaft einfügt. Deshalb habe ich deren Farben aufgegriffen und Ocker und Holztöne verwendet, sowie graues Aluminium, das den Felsen entspricht. Auch mit der gewählten Dachform, die wiederum einer Skulptur von mir nachempfunden ist, nehme ich Bezug auf die Umgebung. Wer heute von umweltbewusstem Bauen oder Nachhaltigkeit spricht, sollte nicht nur an den »carbon footprint« oder die Energieeffizienz denken, sondern auch an einen respektvollen Umgang mit dem Landschaftsbild.

Die Farbe Weiß ist ein Markenzeichen Ihrer Architektur, gestalterisch greifen Sie jedoch für die unterschiedlichsten Bauaufgaben immer wieder auf eine ähnliche Formensprache zurück, für Verkehrsbauten ebenso wie in Valencia für ein großes Opernhaus und ein Museum.

Eigentlich sind meine Bauwerke formal sehr unterschiedlich. Die einzelnen Gebäude in Valencia etwa, die ja zu einem Ensemble gehören, mögen sich farblich ähneln. Formal aber unterscheiden sie sich sehr. Was sie miteinander verbindet, ist nicht so sehr, dass ich Elemente aus einem Architekturkanon wiederhole, sondern dass ich dieselben Materialien verwende – Stahl, Beton und nur wenig Glas, da das Klima dort ja nicht gerade für große Glasflächen spricht. Eine weitere Gemeinsamkeit ist die Keramik. Die Bauten sollten repräsentativ sein und das erreichen wir unter anderem durch die Farbe Weiß. Als ich meine ersten Brücken entwarf, war Weiß bei dieser Bauaufgabe ziemlich ungewöhnlich – heute sehen Sie überall weiße Brücken. Auch reine Stahlbrücken waren damals nicht üblich, sondern eher Verbundkonstruktionen.

In unseren Augen liegt Ihre Stärke vor allem in außergewöhnlichen Verkehrsbauten. Ist Ihre Herangehensweise an ein Museum oder Opernhaus die gleiche?

Ich liebe Musik und finde es schön, für sie zu bauen. Die Gelegenheit dazu hatte ich nicht nur in Valencia, sondern auch auf Teneriffa. Das Konzerthaus dort mit der großen Konzerthalle für rund 1600 Personen und einem kleineren Kammermusiksaal für weitere 400 Zuschauer hat 72 Millionen Euro gekostet; man kann so etwas also auch mit begrenzten Mitteln bauen. Wenn ich die Möglichkeit hätte, ein Auditorium in Berlin zu bauen, würde das sicher anders ausfallen. Beim Milwaukee Art Museum hatte ich den Auftrag, etwas ganz besonders Identitätstiftendes zu entwerfen, denn die Bauherren hatten ausreichend Sponsorengelder gesammelt. Grundsätzlich sehe ich jedoch nicht ein, warum ein Bahnhof etwas völlig anderes sein soll als ein Museum oder warum eine Brücke in der Stadt nicht auch eine starke Persönlichkeit haben darf. Denken Sie an Paris – wenn Sie die Brücken entfernen, wäre es eine ganz andere Stadt. Ich will damit sagen, dass alle Bauten ihre Bedeutung haben. Außergewöhnliche Bahnhöfe fallen stärker auf, da man heute zwar schicke Museen gewöhnt ist, Bahnhöfe dagegen als Orte gelten, wo es übel riecht und zu bestimmten Zeiten sogar gefährlich sein kann. Als ich angefangen habe, Brücken zu bauen, galten diese allgemein als pure Nutzbauten. Alles wurde vorfabriziert, da man im Zweiten Weltkrieg

People who talk about environmentally friendly construction or sustainability shouldn't think just in terms of the carbon footprint or energy efficiency, but of a respectful approach to the landscape, too.

The colour white is a signal feature of your architecture and you use a similar formal language for all kinds of developments: transport structures, such as airports, stations and bridges, or a grand opera house and a museum like those in Valencia.
All the buildings you mention are, in fact, formally quite different. In terms of colour, the structures in Valencia, which are part of an ensemble, may be similar. Formally, though, they are completely different. What links them is not so much the idea that I repeat elements from an architectural canon, but that I use the same materials: steel, concrete and a limited amount of glass, because the climate there is not particularly suited to large areas of glazing. Another common feature is the use of ceramics, The buildings had to have an emblematic function, which we achieved with the colour white, among other things. When I built my first bridges, white was unusual for structures of this kind. Today, one sees white bridges all over the place. Similarly, pure steel bridges were not common in those days. Composite forms of construction were more usual.

In our eyes, your great strength lies first and foremost in your transport structures. How does your approach here differ from the way you approach a museum or opera house?
I love music, and I find it congenial to build for that purpose. I had the opportunity to do so not just in Valencia, but in Tenerife as well. The concert ensemble there, with a large auditorium for 1,600 people and a smaller hall for chamber music with space for 400 concertgoers, cost €72 million. In other words, one can build something like that with limited resources. If I had the opportunity to construct an auditorium in Berlin, it would certainly turn out quite differently. In the case of the Milwaukee Art Museum, I was commissioned to design something that would define a quite specific identity, for the clients had accumulated sufficient funds from sponsors. In principle, though, I don't see why a station should be something completely different from a museum, or why a bridge in an urban situation should not have a bold character, too. Take Paris: if you were to remove all the bridges, it would be a totally different city. In other words, all structures have a significance. Exceptional railway stations make a stronger impact because one is more accustomed to smart looks for museums. Stations are normally regarded as places with a bad smell and where it can even be dangerous at times. When I began to build bridges, they were purely functional structures. Everything was prefabricated, because all the bridges in Europe had been destroyed during the Second World War and they had to be reconstructed quickly. In the 1950s, therefore, the best bridge was the cheapest one. A continuous beam was developed and columns were placed relatively arbitrarily. That's why an unusual station or airport or an exceptional bridge attracts greater attention.

sämtliche Brücken in Europa zerstört hatte und diese nun schnell wieder aufbauen musste. In den 1950er-Jahren war die beste Brücke die billigste. Man hat den Durchlaufträger entwickelt und die Stützen relativ beliebig platziert. Deshalb erregen eine außergewöhnlichen Brücke oder ein außergewöhnlicher Bahnhof oder Flughafen einfach mehr Aufmerksamkeit.

Ihre Bauten sind sehr populär, teilweise sogar Touristenattraktionen. Steht für Sie das Urteil der Fachwelt oder die Zufriedenheit der Nutzer im Vordergrund?
Ich respektiere die Architekturkritik sehr und stehe im Dialog mit befreundeten Kritikern. Wenn man jedoch vor einem Stück Papier sitzt und skizziert, ist man ganz allein. Der Kritiker ist weit weg – und wenn man ehrlich zu sich selbst ist, geht es einem wie einem Maler: Ich bin sicher, Matisse oder Picasso haben beim Malen nicht an die Kritiker gedacht.

Wie viele Skizzen machen Sie für ein Projekt?
Das ist unterschiedlich. Ich glaube, wir haben aus den vergangenen 28 Jahren etwa 100 000 Zeichnungen katalogisiert.

Sie zeichnen tatsächlich noch viel mit der Hand. Welche Rolle spielt der Computer in Ihrer Arbeit?
Wir arbeiten auch sehr viel mit dem Computer. Um in Europa relativ früh Computer nutzen zu können, habe ich seinerzeit Rechner aus Kanada eingeführt. Ich bin also Computernutzer der ersten Stunde. Aber entwerfen kann ich auch ohne. Ich möchte sogar behaupten, dass man sieht, ob etwas von Hand entworfen oder mit dem Computer generiert wurde. Als Darstellungshilfe oder Schnittstelle zur Industrie aber bleibt der Rechner heute unverzichtbar. Denken Sie nur an die vielen Schnitte, die der Computer bei der Werkplanung fast automatisch liefert.

Auch wenn die neuen Möglichkeiten, die der Computer bietet, keine große Rolle für Ihre Entwürfe spielen, haben sie einen Einfluss auf Ihre Architektur?
Ich realisiere durchaus Gebäude, die ich ohne Computer nicht bauen könnte. Die Brücke in Jerusalem etwa wäre ohne Computer undenkbar, vor allem die Berechnung. Ich lasse jedoch keine stochastischen Bilder vom Computer generieren, um diese ins Räumliche zu übertragen, da nehme ich lieber eine Orchidee oder ein schönes Schneckenhaus als Vorbild. Das Phantastische solcher Formen hat eine ganz eigene Grundlage und ist weit überzeugender als eine Form, die bloß im Computer entsteht. Ich habe wirklich nichts gegen den Computer, aber dort, wo eine Form definiert wird, möchte ich nichts anderes einsetzen als die eigene Hand. Diesen Bezug zwischen dem Objekt und mir selbst will ich nicht aufgeben.

Man könnte meinen, ein Gebäude wie Ihr Bahnhof in Liège wäre vor zehn Jahren noch gar nicht möglich gewesen. Sie haben aber bereits 1996 mit der Planung begonnen und hätten den Bahnhof vermutlich auch ohne die neuesten Programme realisieren können. Wäre die Form also auch ohne Computertechnik möglich gewesen?
Ja sicher, aber die rechnerische Analyse des Gebäudes wäre ohne Computer sehr

Your buildings are very popular; some are even tourist attractions. What's more important to you: the verdict of professionals or the satisfaction of the users?
I have great respect for architectural critics and conduct a dialogue with some who are friends of mine. When you sit in front of a sheet of paper and sketch something, though, you're all on your own. The critics are far away; it's not unlike the situation in which a painter finds himself. I'm sure Matisse didn't think of the critics when he was painting, nor did Picasso.

How many sketches do you make for a project?
It varies. We've catalogued some 100,000 drawings from the past 28 years.

You still draw a lot by hand. What role does the computer play in your work?
We work a lot with the computer. In order to use computers in Europe at a relatively early date, I brought them in from Canada. In other words, I've been a computer user from the word go. But I can also design things without one. I would maintain that you can see whether something has been designed by hand or generated with a computer. As an aid to depicting something or as an interface with industry, the computer is indispensable today: think of the many sections a computer provides almost automatically during the detailed design stage.

Does the new scope provided by the computer have much influence on your architecture?
I certainly create buildings that I could not implement without the computer. The bridge in Jerusalem, for example, would have been inconceivable without one – especially the calculations. But I don't let the computer generate stochastic images and then translate them into spatial form. I prefer to take an orchid or a beautiful snail's shell as a model. The fantastic quality of such forms has a logic of its own and is far more convincing than something developed with a computer. I have absolutely nothing against the computer, but at that point where the form is defined, I wouldn't like to use anything but my own hand. This relationship between me and the object is something I don't want to give up.

One might think that a building like your station in Liège wouldn't have been possible ten years ago. But you began the planning as early as 1996. Would this form also have been feasible without computer technology?
Yes, certainly. But the mathematical analysis of the building would have been very difficult without the computer – in respect of its dynamics and the structural calculations. The girders are very, very slender, but they could certainly have been drawn by hand.

schwierig gewesen, was seine Dynamik und Statik betrifft. Die Träger sind sehr, sehr dünn. Aber man hätte sie mit Sicherheit auch von Hand zeichnen können.

An wie vielen Projekten arbeiten Sie eigentlich im Moment?
Zurzeit arbeite ich an dem Projekt für Taiwan, da geht es um drei kleinere Gebäude für eine Universität, unter anderem eine Konzerthalle (Anm. d. Red.: Yuan Ze University Campus). Dann beschäftige ich mich mit einem Museum in Rio de Janeiro, da sind wir noch am Anfang (Das Museu do Amanhã 2015 wurde fertiggestellt.). Ground Zero in New York schließlich stellt ein enorm kühnes Projekt dar (Der World Trade Center Transportation Hub wurde 2016 eröffnet.). Die ganze Anlage ist unterirdisch, bei Spannweiten von 70 Metern. Auch ein Hauch von dem, was Sie in Liège sehen, findet sich dort wieder – lineare Tragsysteme, die sehr wirksam sind. Man hat herausgefunden, dass eine gewisse Klarheit und Transparenz in solchen Hallen sehr gut für die Sicherheit ist: Weil die Leute den Weg schnell finden und weniger Kameras zur Überwachung nötig sind. Das ermöglicht es, sehr offene Räume durchzusetzen.

Wie wird der Entwurfsprozess Ihrer Projekte, den Sie selbst mit Ihren Zeichnungen beginnen, dann in den Teams weiter umgesetzt?
Kurz bevor Sie gekommen sind, haben wir die Skizzen, die ich am Wochenende gemacht habe, diskutiert, und eine Videokonferenz mit New York für das kleine Projekt in Taiwan abgehalten. Als Kommunikationssystem nutzen wir Korrekturen auf Plänen oder Skizzen.

Sie verfolgen also jedes Projekt bis ins letzte Detail?
Ich bin der Verfasser aller meiner Projekte – wenn ich kann, bis ins Detail. Ich habe natürlich auch sehr gute Leute, um so arbeiten zu können.

In welcher Phase eines Projekts fühlen Sie persönlich sich denn am wohlsten?
Die Etappe des Skizzierens ist natürlich sehr schön. Unsere Projekte sind sehr arbeitsintensiv, Liège etwa hat 13 Jahre gebraucht, da muss man eine enorme Geduld mitbringen. Mit dem Ground-Zero-Projekt beschäftigen wir uns nun schon acht Jahre – und jetzt bekomme ich die Nachricht, dass es immer noch zu große Diskrepanzen zwischen den Auftraggebern gibt. Der Werdegang eines Gebäudes ist also manchmal sehr mühsam. Skizzieren ist da vergleichsweise sehr angenehm.

Verraten Sie uns zum Schluss noch, welches Ihrer Bauwerke Ihnen selbst am liebsten ist?
Ich mag Liège sehr und freue mich, dass Sie darauf aufmerksam geworden sind. Es ist ein einfaches Projekt, vor allem, wenn Sie an diese großen alten Bahnhöfe denken, die mit allen ihren Erweiterungen ziemlich komplex geworden sind. Könnte ich heute noch einmal mit der Planung beginnen, würde vielleicht nicht dasselbe herauskommen. Wenn ich dort bin, denke ich manchmal, die Rampen sind zu breit. Vielleicht würde ich heute eine größere Spannweite wählen, aber der Gesamteindruck stimmt. Letztlich suche ich Klarheit – das ist es, was an solchen Orten zählt.

How many projects are you working on at present?
At the moment, I'm working on a project for Taiwan, which involves three smaller structures for a university, including a concert hall (Editor's note: Yuan Ze University Campus). Then I'm concerned with a museum in Rio de Janeiro, where we're still only at the beginning (Editor's note: The Museu Do Amanhã was finished in 2015). And finally, there's Ground Zero in New York, which is an extremely bold scheme (Editor's note: opened in 2016). The entire development is underground, with spans of 70 metres. There's an element of Liège about it, with linear load-bearing systems that are very effective. It has been shown that clarity and transparency in halls of this kind are good for security: firstly, because people can find their way about quickly, and secondly, because fewer cameras are needed for observation, which allows very open spaces to be implemented.

How is the design process for your projects—which you begin with your drawings—continued in the teams?
Shortly before you came, we were discussing the sketches I had made over the weekend; and we held a video conference with New York about the small project in Taiwan. As a communication system, we use corrections made on plans or sketches.

Do you monitor every project down to the final details?
I'm the architect who designs all the projects, and I follow them through, if possible, down to the details. I have a very good team of assistants, of course, which allows me to work in this way.

In what phase of a project do you feel the greatest personal satisfaction?
The sketching stage is, of course, extremely congenial. Our projects are very labour-intensive. Liège, for example, took 13 years to complete, so one needs enormous patience. We've been working on the Ground Zero project for eight years, and I have just received the news that the differences between the clients are still too great. Making progress in a scheme is sometimes quite arduous. In comparison, making sketches is very pleasurable.

One final question: which of the structures you have created is most satisfying to you?
I'm very fond of Liège, and I'm happy that you have devoted so much attention to it. It's a rather simple project, particularly if you compare it to those old train stations that have become quite complex with all their extensions. If I could begin all over again with the planning, maybe the outcome would not be the same. When I'm there, I sometimes think that the ramps are too wide, and perhaps I'd choose a larger span today. But the overall impression is right. Ultimately, I search for clarity. That's what counts in situations like this.

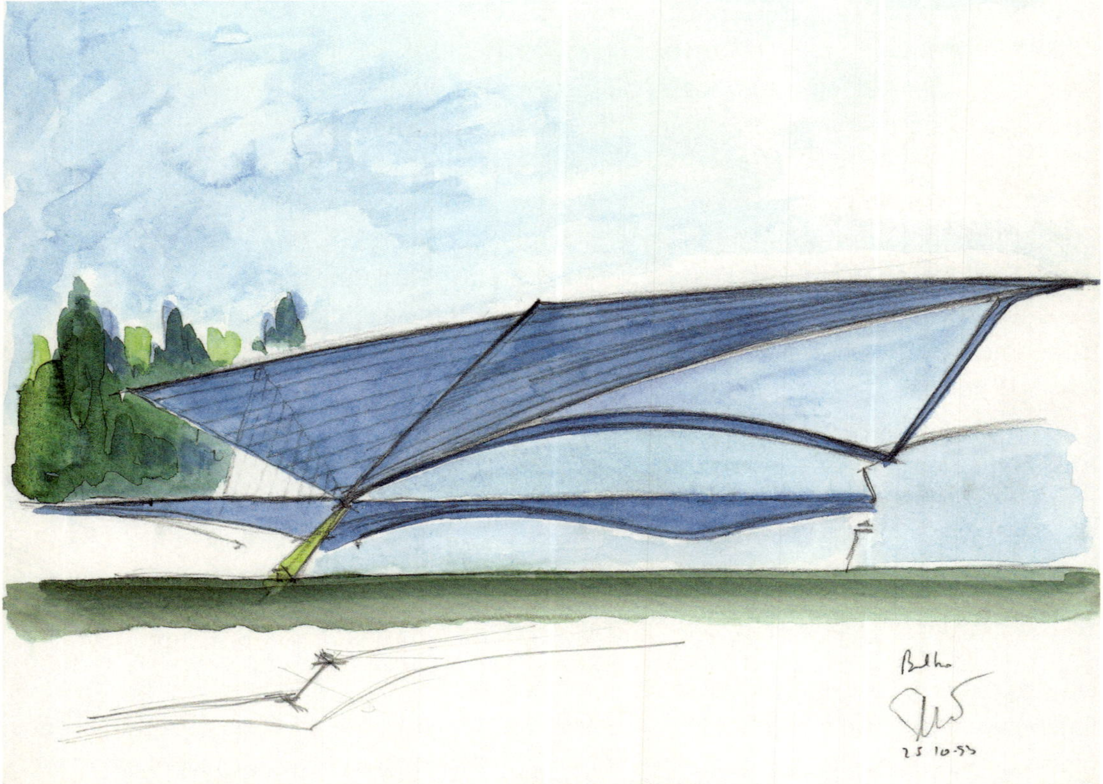

Sondica Airport, Bilbao (ES) 2000

Bodegas Ysios Winery, Laguardia (ES) 2000

University of Zurich Law Faculty, Zurich (CH) 2004

Guillemins TGV Railway Station, Liège (BE) 2009

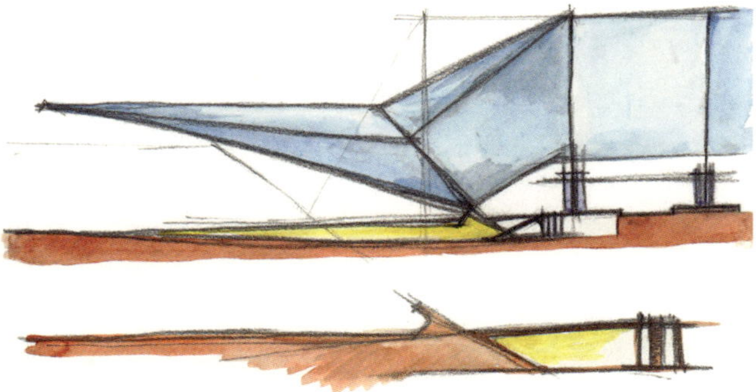

José Selgas & Lucía Cano

Überraschende Baukörper, heitere Farben und unkonventionelle Details mit einfachen Materialien sind das Markenzeichen von selgascano. Spätestens mit ihrem quietschbunten Serpentine-Pavillon 2015 sind José Selgas und Lucía Cano international bekannt geworden. Mit José Selgas und Lucía Cano sprach im Herbst 2017 Frank Kaltenbach, wenige Monate nach der Eröffnung des Kongresszentrums in Plasencia.

Surprising built forms, bright colours and unconventional details with simple materials are the trademark of selgascano. At the very latest with their multicoloured Serpentine Pavilion in London in 2015, José Selgas and Lucía Cano have achieved international acclaim. Frank Kaltenbach spoke with José Selgas and Lucía Cano in autumn 2017, a few months after the opening of the congress centre in Plasencia.

Frank Kaltenbach Viele Leute, die Ihr Kongresszentrum in Plasencia zum ersten Mal sehen, fragen sich, was dieses Gebilde überhaupt ist. Wie sind die Reaktionen der Bevölkerung?
José Selgas Seit der Eröffnung sehr positiv. Jetzt, da sie auch die Innenräume erleben können, sind viele sogar begeistert. Das war während der Bauphase ganz anders. Nachdem das Gebäude vier Jahre lang vor Eröffnung mit fertig montierter Hülle dagestanden war, wurden wir schon mal gefragt, wann wir denn endlich die Plastikfolie abnehmen, damit man es sieht. Und das war nicht polemisch gemeint. In den ersten Jahren des Baus entwickelte sich eine regelrechte Feindseligkeit. Stellen Sie sich vor: Ganz Spanien steckt in der Krise und dann wird mit so einem Projekt nach Meinung der Leute das Geld zum Fenster hinaus geworfen. Unsere Hauptaufgabe bestand also darin, die Politiker und die Öffentlichkeit zum Weitermachen zu überzeugen.

Wie haben Sie das geschafft?
Lucìa Cano Indem wir gemeinsam mit dem Bauherrn ständig durch Optimierungen die Baukosten gesenkt haben. Mit 17 Millionen Euro ist es eines der günstigsten Gebäude seiner Art.

Wenn Sie zu Beginn so viel Kritik einstecken mussten, weshalb hat ihr Entwurf dann 2005 den Wettbewerb gewonnen?
LC Das Grundstück liegt in einem Neubaugebiet auf einem Areal, das künstlich eingeebnet wurde und so die wundervolle Landschaft mit ihrer leicht gewellten Topografie zerstört hat. Alle anderen Teilnehmer haben diese Plattform noch weiter in die Natur vorgeschoben und darauf irgendwelche Monumente entworfen. Wir haben uns entschieden, nicht auf die banale Umgebung als Kontext zu reagieren, sondern auf die Natur. Indem wir das Raumprogramm vertikal stapelten, konnten wir die Fläche für die Fundamentplatte und damit die Zerstörung des Bodens auf ein Minimum beschränken. Unser Konzept ist viel kostengünstiger als die Plattformlösungen und wurde zur Realisierung empfohlen. Bereits bei unserem ersten realisierten Projekt haben wir eins gelernt: Das Einzige, was in der Architektur wirklich wichtig ist, ist die Wirtschaftlichkeit. Wer damit intelligent umgehen kann, ist auch in der Lage, bei einem Projekt mit extrem niedrigem Budget Architektur zu machen.

Hatten Sie denn als junges Büro damals bereits genügend Erfahrung für die Realisierung eines so komplexen Projekts?
JS Immerhin waren wir schon 40 Jahre alt. Unser allererster Bau, das Kongresszentrum in Badajoz, war damals kurz vor der Fertigstellung. Wir waren also bestens mit der Bauaufgabe vertraut.

Sie haben bereits drei Kongresszentren entworfen: in Badajoz, Cartagena und Plasencia. Wenn man sich die drei Gebäude anschaut, so sind es alles Archetypen,

Frank Kaltenbach   On seeing your congress centre in Plasencia for the first time, a lot of people ask themselves what this form is. What is the reaction of the local population?
José Selgas   Since the opening, it has been very positive. Now that the people can also experience the internal spaces, many are thrilled to bits. That was quite different during the construction phase. After the structure had stood there for four years – with a finished outer skin – prior to its opening, we were sometimes asked when we were going to remove the outer plastic film so that one could see the building. That wasn't meant polemically either. During the first years of construction, a genuine hostility developed. Just imagine: the whole of Spain is caught up in a crisis, and then people believe money is being poured down the drain on a project like this. Our main task, therefore, lay in persuading the politicians and the general public to continue with the scheme.

And how did you manage to do that?
Lucìa Cano   By cutting construction costs thanks to optimisations made jointly with the client. At € 17 million, this is one of the most reasonably priced structures of its kind.

If you had to swallow so much criticism at the outset, how were you able to win the competition with your design in 2005?
LC   The site is situated in an area of new developments on land that had been artificially levelled – in other words, where the wonderful landscape with its lightly rolling topography had been destroyed. All the other competition participants extended this platform further into the natural environment and designed some kind of monument on top of it. We decided to respond not to the banal surroundings as our context, but to nature. By stacking the spatial programme vertically, we were able to minimise the area needed for a foundation slab and thus restrict the despoilment of the ground. Our concept was far more economical than the platform solutions, and so this was recommended for implementation. With the first scheme we realised, we learned one thing: namely that the only important aspect of architecture is its economic efficiency. If one can work intelligently along these lines, one will be in a position to create architecture in a project with an extremely low budget.

In those days, as a young practice, did you have enough experience to implement such a complex project?
JS   We were already 40 years old after all. Our first building, the congress centre in Badajoz, was nearing completion. We were therefore intimately acquainted with the construction task.

Badajoz mit seiner runden Form, im Schnitt mehr oder weniger quadratisch, Cartagena mit seinen rechteckigen Volumen und das polygonale und mehr oder weniger vertikale Plasencia. Wollten Sie bei diesen Projekten mit unterschiedlichen geometrischen Formen experimentieren oder haben sich diese aus dem Programm oder dem Standort ergeben?

JS Eines unserer Prinzipien, an das wir uns seit Jahren halten, ist es, ohne jede gestalterische Absicht in ein Projekt zu gehen. Wir starten vollkommen unvoreingenommen und lassen die unterschiedlichen Einflüsse auf uns zukommen, die durch das Grundstück, das Budget oder auch durch Bauprozesse und Materialien bedingt sind. In Badajoz ist das Auditorium in die ehemalige Stierkampfarena in einer Festungsbastion integriert und ist deshalb rund. Der Bauherr war übrigens derselbe wie in Plasencia. Ein Jahr vor Plasencia hatten wir den Wettbewerb für das Kongresszentrum im Hafen von Cartagena gewonnen. Die aneinandergereihten Quader bilden die Typologie der umgebenden Hafengebäude nach, und im Inneren haben wir an der Stelle eines ehemaligen Sandstrands wieder eine Art Strand entworfen. Der Entwurf für Plasencia hat sich fast von alleine ergeben: Jedes Auditorium hat mehr oder weniger denselben Schnitt, weil dieser durch die optimalen Sichtlinien nun einmal vorgegeben wird. In diesem Fall ist der Saal schmäler und die Sitzreihen sind etwas steiler, um das Gesamtvolumen gering zu halten. Auf das Auditorium haben wir die anderen Funktionen gestapelt, und schon waren die wichtigsten Parameter gesetzt.

Was macht das Gebäude in Plasencia so besonders?

JS Es ist die Offenheit, die unterschiedlichste Nutzungen ermöglicht. Natürlich können hier auch Kongresse abgehalten werden, schließlich sichert das die Finanzierung. Aber angesichts der großen Konkurrenz an Kongresszentren in Spanien wollten wir etwas Einzigartiges schaffen: Ein offenes Raumangebot, das ein viel breiteres Spektrum an Aktivitäten provoziert, die wir heute noch gar nicht kennen. Und tatsächlich sind die Betreiber erst jetzt dabei herauszufinden, mit welchem Programm sie ihr neues Gebäude am besten bespielen. Das können Kunstausstellungen sein, Performances oder auch eine Diskothek.

Ihre Architektur ist sehr individuell und erfinderisch. Was sind Ihre Inspirationen?

LC Wir lassen uns von vielen Quellen inspirieren, die außerhalb der Architektur liegen. Wir bauen schließlich nicht für Architekten, sondern für die Leute da draußen, und die können ein Gebäude oft besser beurteilen als so mancher Fachmann. Was sie aber nicht verstehen, sind die bei Architekten beliebten grauen flachen Betonwände und deshalb bauen wir die auch nicht. Ich glaube nicht, dass wir je etwas erfunden hätten. Wir versuchen erst gar nicht, etwas zu erfinden, das ist nicht die Aufgabe der Architektur. Viel wichtiger ist, dass wir uns beim Entwerfen die größtmögliche Freiheit erlauben. So verwenden wir zum Beispiel oft unkonventionelle Materialien oder spielen mit Farbkombinationen. Häufig ergeben sich Entscheidungen für ein bestimmtes Material auch aus einem begrenzten Budget.

You've already designed three congress centres: in Badajoz, Cartagena und Plasencia. If you look at the three buildings, you could say that they are all archetypes—Badajoz with its round shape, in section more or less square, Cartagena with its rectangular forms and Plasencia, which is polygonal and more or less vertical. Was it your intention to test different geometric forms with these projects or were they the result of the respective programme or site?
JS One of the principles we have stuck to over the years is to approach our projects without any predetermined design intentions. We are completely open and unbiased when we start and let the various influences work on us – through the site, the budget, or the construction process and materials. In Badajoz the auditorium is integrated in the former bullfighting arena in the bastion of a fortress. That's why it has a round shape. Our client, by the way, was also the same as in Plasencia. A year before Plasencia, we had won the competition for the congress centre in the harbour of Cartagena. There, the row of rectilinear blocks echoes the typology of the surrounding harbour buildings, and internally, we designed a kind of beach in place of the former sandy beach that had existed there earlier. For Plasencia, the design came about almost on its own. Every auditorium has more or less the same section that is predetermined by optimal sight lines. In this case, the hall is narrower and the rows of seating are somewhat steeper in order to reduce the overall volume. We stacked the other functions on top of the auditorium – and so the main parameters were defined.

What is so special about the structure in Plasencia?
JS The open quality that is able to accommodate all kinds of functions. Congresses can be held here as well, of course, because they provide the financial framework. But in view of the great competition between congress centres in Spain, we wanted to create something unique: a versatile spatial ambience that would tolerate a much broader range of activities, of a kind no longer familiar today. In fact, only now are the operators in the process of finding out what programme they should best plan for their new building. It might be art exhibitions, performances or even a discotheque.

Your architecture is highly individual and inventive. What are the sources of your inspiration?
LC We draw inspiration from many sources that lie outside architecture. After all, we are not building for architects but for the people out there, and they can often judge a building better than certain experts. What people don't understand, however, are the flat grey concrete walls so beloved of architects, and that is why we don't build them. I don't think we have ever truly invented anything. We don't even try to invent things, this is not the job of architecture. For us it is much more important that we allow ourselves the greatest possible design freedom. We like to use unconventional materials, for example, or play with colours. Often our decision for a certain material is also the result of a limited budget.

Wie schaffen Sie es, all Ihre unkonventionellen Details auf der Baustelle auch umsetzen zu können?

LC Wir nehmen nur Aufträge an, bei denen wir die volle Kontrolle über das Bauwerk haben, vom Konzept bis zum Detail und vor allem über den gesamten Bauprozess. Oft kommen interessante Ideen von Firmen, die arbeiten wir dann in den Entwurf mit ein. Dem Tragwerk schenken wir eine besondere Aufmerksamkeit, da wir die Struktur unserer Gebäude immer direkt oder durch die Hülle hindurch sichtbar lassen. Um diese Qualität beibehalten zu können, wollen wir als Architekturbüro auch nicht viel größer werden. Stattdessen haben wir auf jeder Baustelle unsere eigenen Leute vor Ort so wie zurzeit in London, Lissabon und Los Angeles.

Wie kann man sich die Arbeitsteilung unter ihnen beiden und in ihrem Büro vorstellen?

JS Unser Büro ist so klein, dass jeder alles macht. Oft wechseln auch die Mitarbeiter das Projekt, wenn ihr eigenes gerade nicht weitergeht. So haben wir immer einen lebendigen Austausch und hinterfragen unsere eigenen Entscheidungen.

Eine ganz andere Frage zum Schluss: Was ist eigentlich mit Ihrem Serpentine-Pavillon von 2015 passiert, hat Ihnen die Publicity etwas gebracht?

LC Er wird tatsächlich erneut aufgebaut, und zwar im Los Angeles County Museum of Art. Natürlich hätten wir die Originalstruktur gerne erhalten, aber der Transport würde mehr kosten als ein Neubau. So haben wir die Möglichkeit, ein viel besseres Folienmaterial zu verwenden als in London. Unser Bekanntheitsgrad ist durch den Pavillon gestiegen, das merken wir an zahlreichen neuen Aufträgen.

How do you manage to implement all the unconventional details on site?
LC We accept commissions only where we have full control over the building, from the concept to the details and, above all, over the entire construction process. Often we pick up interesting ideas from firms, and we work these into the design. We devote special attention to the load-bearing structure, because we leave the structures of our buildings visible – either directly or through the skin. In order to retain these qualities, we don't want to get much bigger as an architectural practice. Instead, we have our own people on every site, as in London, Lisbon and Los Angeles at present.

How do you share tasks with your partner, Lucía Cano?
JS Our office is so small that everyone does everything. Often assistants change projects when their own ones don't move forward at a particular point. As a result, we always have a lively exchange and question our own decisions.

A quite different question to end with: what happened to your Serpentine Pavilion in London, dating from 2015, and what did you gain from the publicity around it?
LC It really is being built up again, this time for the Los Angeles County Museum of Art. We would have liked to be able to keep the original structure, of course, but the transport costs would have been more than those for a new building. We were, therefore, able to use a much better membrane material than in London. The Pavilion has raised our profile and we have received many new commissions as a result.

Congress Centre, Badajoz (ES) 2006

Congress Centre, Plasencia (ES) 2017

Congress Centre, Plasencia (ES) 2017

Second Home Holland Park, London (UK) 2018

Kjetil Thorsen

Seit fast 30 Jahren bleibt das Team des norwegischen Architekturbüros Snøhetta seinen demokratisch kollektiven Grundsätzen treu. Neben den großen Büros in Oslo und New York entstand mittlerweile auch in Innsbruck ein Sitz, in dem die Mitarbeiter das »Du« der nordischen Bürokultur als selbstverständlich begreifen. Kjetil Thorsen, eines der Gründungsmitglieder Snøhettas hat viele Jahre in Österreich gelebt. In den hellen Büroräumen im Stadtzentrum von Innsbruck sprach er im Herbst 2017 mit Sabine Drey und erläuterte die Philosophie und Arbeitsweise von Snøhetta.

For almost 30 years now, the team of the Norwegian architectural office Snøhetta has remained true to its democratic, collective principles. In addition to its large offices in Oslo and New York, it has established a practice in Innsbruck, Austria, where one of the founder members of Snøhetta, Kjetil Thorsen, has lived for many years in Austria. Sabine Drey talks to him in fall 2017 in the light-filled office space in Innsbruck where he explains the philosophy pursued by Snøhetta. The team members there naturally use the familiar form of address that is part of Nordic office culture.

Sabine Drey Laut Snøhetta ist Architektur gebaute Landschaft, imitiert diese aber nicht. Wie definiert Ihr den abstrakten Begriff der Landschaft?
Kjetil Thorsen Architektur ist meistens gebaute Landschaft, wir sprechen zum Beispiel von Stadt- oder Dachlandschaften. Wir verstehen darunter etwas, das tektonisch dargestellt wird. Durch das Zusammenspiel von Architektur und Landschaft wird das Objekt zum Vermittler zwischen verschiedenen Welten. Auf dem Gelände des Museums von Lascaux treffen zum Beispiel Wald und Landwirtschaft aufeinander, und das Gebäude liegt genau an der Schnittstelle. Dieser Restraum entlang der Straße ist ohnehin schwer nutzbar und eignet sich daher gut als Standort für Architektur, weil so andere, attraktivere Flächen frei bleiben können. An dieser Stelle können wir die Grenzen mit und in der Architektur aufheben. Wand, Boden, Dach – diese Normvokabeln eines Gebäudes sind dann nicht mehr notwendig, um Architektur zu beschreiben.

Beim Museum von Lascaux umfließt die äußere reale Landschaft eine innere künstliche Landschaftsnachbildung.
Das Museum funktioniert in dieser Hinsicht ähnlich wie unser Pavillon zur Beobachtung von Rentieren im Dovrefjell-Nationalpark. Er ist eines unserer »keyless projects«, also immer für Besucher offen. Der Pavillon steht in der Natur, und im Innenraum taucht eine gebaute Landschaft in Form einer organischen Holzskulptur auf. Wir spielen mit diesen Maßstabsverschiebungen. Tektonische Elemente werden unter Bedingungen verwendet, die wir auch in der Natur wahrnehmen: Eine nach innen geneigte Wand wird auf einmal bedrohlich, nach außen geneigt hingegen öffnet sie den Raum.

Ihr arbeitet generell eng mit Landschaftsarchitekten zusammen. Wie kam es dazu?
Wir wollten schon immer mit vielen Berufsgruppen zusammenarbeiten, um ganz tief in alle Projekte einzusteigen. Wir entwerfen inzwischen sogar die Trinkgläser für kleine Restaurants selbst. Der Fokus speziell auf die Landschaft ist aus dem Gedanken geboren, dass die Architektur meist zu selbstbezogen ist. In vielen Fällen ist das Budget ausgeschöpft, sobald das Gebäude steht. Deshalb wird das Umfeld von Bauten meist vernachlässigt. Wir finden aber, dass die unmittelbare Umgebung fast genauso wichtig ist, wie das Gebäude selbst. Und wir wollen das gerne innerhalb eines Gesamtbudgets umsetzen.

Bedeutet das, es bleibt dann weniger Geld für die Gebäude?
Oder das Umfeld verschmilzt mit dem Gebäude. Ein typischer Fall ist die Oper in Oslo. Da verwandelt sich das Dach in einen öffentlichen Platz, weil wir nicht mehr zwischen Architektur, städtischer Platzgestaltung oder Landschaftsarchitektur unterscheiden, und so bewegt sich alles innerhalb eines Budgets.

Sabine Drey According to Snøhetta, architecture is built landscape, yet it does not simply imitate this. How do you define the abstract expression »landscape«?
Kjetil Thorsen Architecture is mostly built landscape. We speak, for example, of urban or roof landscapes, by which we mean things that are depicted tectonically. Through the interaction of architecture and landscape, the object becomes a mediator between different worlds. On the site of the Lascaux cave museum, forest and agriculture converge. The building is situated precisely at the intersection of the two on a left-over piece of land along the road, for which it was anyway difficult to find another use and that was an appropriate location for architecture. In this way, other, more attractive locations could be preserved. In a situation like this, we can overcome boundaries with and in the architecture. The standard vocabulary – wall, floor, roof – is no longer needed to describe architecture.

In the Museum of Lascaux, the real, outer landscape flows around what is an internal, artificial reproduction of landscape.
In this respect, the museum functions in a similar way to our pavilion for the observation of reindeer in Dovrefjell National Park. The park development is one of our »keyless projects«: in other words, it is always open to visitors. The pavilion stands in the midst of nature; and internally, a built landscape manifests itself in the form of an organic wood sculpture. We play with these shifts in scale. Tectonic elements are used under conditions that we also perceive in nature. A wall that leans inwards may suddenly be perceived as threatening; when it leans outwards, on the other hand, it opens the internal space.

Generally, you work very closely with landscape architects. How did this come about?
We always wanted to work together with a lot of professional groups so as to be able to delve very deeply into our projects. In the meantime, we even design glasses for small restaurants. The specific focus on landscape is a product of our belief that architecture is mostly too preoccupied with itself. In many cases, the budget is exhausted as soon as a building has been erected, with the result that the surrounding areas are, for the most part, neglected. We believe, however, that the environs are almost equally important, and we want to implement this idea within the overall budget.

Doesn't that mean there's less money available for the building itself?
Or the surroundings merge with the building. A typical example is the opera house in Oslo. In that case, the roof is transformed into a public open space, because we no longer differentiate between architecture, urban spatial design and landscape architecture. Everything takes place within a single budget.

Befassen sich die Landschaftsarchitekten bei Snøhetta mit allen Aspekten des Gebäudes?
Wir differenzieren da generell wenig. Außer es geht zum Beispiel sehr speziell um Vegetation, wie beim King Abdulaziz Kulturzentrum in Saudi-Arabien. Dort werden Tausende von Pflanzen ausgewählt, die in der Wüstenregion beheimatet sind und bekommen einen neuen Platz in der Landschaftsarchitektur. Durch »xeriscaping«, eine Methode, bei der die Pflanzen exakt mit dem Standort abgestimmt werden, können wir fast gänzlich auf Berieselung verzichten und verbrauchen sehr wenig Wasser für den grünen Themenpark. Beim Forschungsgebäude Max IV in Lund hat dagegen die von uns geplante Landschaft eine direkte Funktion. Damit die Vibrationen, die eine nahegelegene Autobahn im Boden erzeugt, die Experimente im Synchrotronstrahlungslabor nicht stören, entwickelten wir ein spezielles Bodenrelief für die umliegende Wiesenlandschaft. Das Gelände nimmt exakt die Wellenform der Schwingungen auf und kompensiert so die Vibrationswellen. Dadurch entsteht Ästhetik, aber auch Inhalt.

Snøhetta arbeitet nach einer Methode, die bei euch »transposition« genannt wird. Tauscht ihr dabei in allen Planungsphasen die Rollen?
Die Transpositionsmethode verwenden wir sehr früh im Entwurfsprozess, wenn wir Ideen und Konzepte erarbeiten, aber in der Ausführung nicht mehr. Bei vielen guten Orchestern tauschen die Musiker beim Üben ihr Instrument ab und zu aus, damit der Violinist nicht vergisst, was es heißt, Trompete zu spielen. Aber sie tun das nicht im Konzert. Übertragen heißt das, der Ingenieur muss in der Rolle des Musikers nicht mit der ganzen professionellen Verantwortung hinter all seinen Äußerungen stehen und sich vielleicht Wochen später noch rechtfertigen. Mich interessiert der Musiker im Ingenieur, ich will erreichen, dass er als Gesamtperson dabei ist. Er soll sich seiner Profession nicht verpflichtet fühlen, weil er sich damit einschränkt, sondern sich unbefangen äußern. Wir bemerken dabei, dass Aussagen wie »das haben wir schon probiert, das geht nicht« oft gar nicht mehr auftauchen.

In deinem Vortrag im Tiroler Architekturzentrum hast Du keine Fotos gezeigt, sondern nur Diagramme. Entspricht das eurem theoretischen Ansatz?
Wir reden sehr viel über das jeweilige Projekt, bevor wir tatsächlich loszeichnen. Dabei entwickeln wir »contextual concepts«, denn Architektur ist keine Frage des Stils oder der Ästhetik. Es sollte immer ein Gesamtkonzept aus einer prozesshaften Entwicklung innerhalb eines interdisziplinären Teams entstehen. Architektur ist nie das Werk eines Einzelnen. Das Konzept muss so lange wie möglich theoretisch bleiben. Die meisten Architekten fangen sofort an zu skizzieren, damit legen sie sich unbewusst bereits fest. Sie verlieben sich sehr schnell in ihre erste Skizze und beeinflussen damit die anderen. Wir suchen dagegen zunächst nach ähnlichen Ideenbildern innerhalb einer größeren Gruppe. Diese Bilder sind dann allen gemeinsam präsent, obwohl sie noch nicht visualisiert wurden.

Are the landscape architects involved in all aspects of a building when they work with Snøhetta?
Generally, we don't differentiate very much, unless a special aspect is, say, the vegetation. That was the case with the King Abdulaziz Cultural Centre in Saudi Arabia. Thousands of plants were selected there that are indigenous to the desert, and they find a new home in the landscape architecture. »Xeriscaping« is a method by which plants are attuned precisely to the location. Then we can do almost completely without irrigation and need very little water to achieve a verdant theme park. In the case of the Max Lab IV research building in Lund, on the other hand, the landscape we planned had a specific function. To prevent vibration from the nearby motorway disturbing experiments in the synchrotron radiation laboratory, we developed a special relief form for the topography of the surrounding meadows. The site was given precisely the wave-like arrangement of the vibrations and in this way it offsets them. The outcome is an aesthetic one, but also with content.

In your work, you follow a method that you call »transposition«. Do you exchange roles in all phases of the planning?
We apply the transposition method at an early stage of the design process, when we formulate ideas and concepts, but not in the execution. In a lot of good orchestras, musicians may exchange instruments during rehearsals – so that the violinist doesn't forget what it means to play a trumpet. They don't do that in the concert, of course; and the engineer doesn't have to assume full professional responsibility for all his remarks when he slips into the role of the musician and perhaps have to justify what he has said weeks later. What interests us is the musician in an engineer. He should be completely involved. He shouldn't feel bound by his profession, because this would limit him, but should be able to express his thoughts freely. We notice that, in the process, statements such as »we've tried that out already; it doesn't work« are in many cases no longer made.

Yesterday, in your lecture, you didn't show any photos. You used diagrams instead. Does that reflect your theoretical approach?
We talk for a long time about a project before we actually begin to draw. We develop contextual concepts, because architecture is not a question of the style or the aesthetics. It should always be an overall concept based on a processual development within an interdisciplinary team. Architecture is never the work of a single person. The concept has to remain theoretical for as long as possible. Most architects immediately begin sketching, without being aware that they are committing themselves in the process. They are quickly enamoured of their first sketch, and the others are also influenced in this way. Initially, we look for similar ideas and images within a larger group. These images are then present in everyone's mind, even though they may not have been visualised.

Aber irgendwann muss dann jemand den Stift in die Hand nehmen ...
Es muss aber nicht unbedingt eine Zeichnung entstehen, sondern vielleicht ein Diagramm oder ein Modell in unserer Werkstatt. Wir arbeiten grundsätzlich in allen Medien zwischen digital und analog, d.h. wir wechseln vom Modell zum Rendering, zur Zeichnung und wieder zurück, um unsere Ideen auszudrücken. Im Entwurf bewegen wir uns ständig zwischen diesen Positionen. Daran nehmen fast alle teil. Ein Leitbild ist der »Singular im Plural«: Aus der Gesamtheit der Individuen entsteht die Gesellschaft mit ihren Regeln, aber auch eine gewisse Divergenz, die für die kreativen Prozesse wichtig ist. Genauso wichtig ist es, sich selbst und die Arbeit ständig zu hinterfragen – in einem fortlaufenden Prozess der Neuerfindung.

Wie entstehen dann konkret die Entwurfskonzepte im Team?
In der Frühphase organisieren wir Workshops mit von uns definierten Parametern, die genau festlegen, wie wir vorgehen. Da wir diese Treffen gemeinsam mit vielen externen und internen Beteiligten durchführen, begegnen sich dabei vielleicht die Putzfrau, der Direktor, der Architekt und der Soziologe. Der erste Parameter für solch einen Workshop ist »prepping« – die Vorbereitung und Analyse von Hintergründen, Geschichte, Klima und anderen Informationen, die allen vorliegen. Mit diesem Wissen im Kopf beginnen wir die Piktogramm-Sitzung, in der Hunderte von Fotos von Menschen, Dingen oder Situationen auf dem Tisch liegen. Die Vorauswahl der Bilder treffen wir mithilfe eines Forschungsinstituts in Trondheim. Dann teilen wir uns in Gruppen auf und jeder wählt negativ oder positiv belegte Bilder aus. Im Anschluss analysieren wir die Assoziationen und kommen zu einem Ergebnis, das wir als Diagramm oder als Konzept aufzeichnen. Den nächsten Schritt nennen wir »rapid prototyping«. Dabei erstellen die Gruppen in unserer Werkstatt Modelle, die aus dem Konzept oder Diagramm hervorgehen. Daraus bilden wir einen Konsens, sodass die unterschiedlichen Blickwinkel der Teilnehmer als Entwurfsvoraussetzung in das Projekt einfließen. Bei sehr großen Organisationen können das bis zu tausend Beteiligte sein. In diesen Fällen müssen wir mehrere Workshops durchführen. Das Team muss innerhalb eines begrenzten Zeitraums ein Ergebnis vorweisen. Für die Moderation sind inzwischen mehr als zehn Leute im Büro zuständig.

Sehen die Ergebnisse nicht zu unterschiedlich aus, um vereinbar zu sein?
Nicht unbedingt. Es entstehen sehr oft nur einfache Konzeptideen, die sich als Thema durch das Projekt ziehen. Zum Beispiel haben wir für ein Gesamtkonzept, das alle Nationalparkanlagen in Norwegen miteinander verbinden sollte, einen Workshop durchgeführt. Wir entwickelten das grafische Design und eine übergeordnete Herangehensweise und suchten nach einem Bild, das alle Teilnehmer mit den Nationalparks verbinden. Diese gemeinsame Idee war das Wort »gate«, also Portal. Von diesem Zeitpunkt an war alles auf dem Begriff aufgebaut. Das kann ganz konkret

At some point, though, someone has to take up a pen ...
That doesn't mean a drawing has to come about, though – maybe a diagram or a model in our workshop. We work in all media from digital to analogue. We progress from model to rendering or drawing and back again as a means of expression. In the design phase, we are constantly moving between these positions. Almost everyone participates. One principle is »singular in the plural«. From the sum of individuals, a society comes about with its own rules, but also a certain divergence that is important for the creative development. Equally important is to subject oneself and the work to questioning all the time – a continuous process of reinvention.

How do the design concepts come about in the team, then?
In the early phase, we organise workshops with self-defined parameters. Since a lot of participants – both internal and external – are involved in these workshops, it can happen that the cleaning lady, the director, the architect and the sociologist come together. The first parameter for a workshop is »prepping« – the preparation and analysis of background situations, history, climatic factors and other material. With this information in mind, we begin the pictograph meeting, where hundreds of photos of people, objects and situations lie on the table. (We choose the pictures with the aid of a research institute in Trondheim.) Then we divide ourselves into groups, and everyone selects pictures that have negative or positive connotations. Finally, we analyse the associations that arise, and we come to a conclusion that we depict in the form of a diagram or concept.
The next step is »rapid prototyping«, when the groups create models in our workshop based on these conclusions. From this, we achieve a consensus, so that the various perspectives of the participants flow into the project as the basis of a design. In the case of very large organisations, there can be up to a thousand persons involved, and then we have to organise several workshops. The team has to come up with a solution within a defined time. More than ten people in the office are now responsible for their moderation.

Aren't the conclusions too varied to be compatible?
Not necessarily. In many cases, simple conceptual ideas emerge that run through the project like a common thread. For example, we organised a workshop to produce an overall concept to link all national parks in Norway. We developed the graphic design and an overall approach, and we looked for an image that the parks have for all participants. This mutual idea was the word »gate«, and suddenly everything was based on this term. In a literal sense, it could be the entrance to a national park, a logo on a brochure or an information panel that forms a frame in the upper area and thus draws attention to a certain mountain.

der Eingang in den Nationalpark sein, ein Logo auf einer Broschüre oder auch eine Informationstafel, die im oberen Bereich einen Rahmen bildet, der auf einen bestimmten Berg aufmerksam macht.

Ist diese kollektive Teamarbeit nicht sehr zeitaufwendig und damit teurer?
Nein, die Workshops sind viel billiger als alles getrennt zu betrachten, weil wir viel schneller zu einem Ergebnis kommen. Ab und zu entsteht innerhalb von sechs Stunden ein sehr gutes Konzept. Kondensiert auf wenige Stunden. Bang! – Und dann sitzt es. Danach müssen wir natürlich überprüfen, ob die Hypothesen stimmen und im Entwurf funktionieren, aber meist tun sie das.

Das klingt sehr experimentell. Wo kommen eure kreativen Prozesse noch zum Einsatz?
Wir arbeiten auch viel im Bereich der Forschung. Zurzeit entwickeln wir zum Beispiel artifizielle Riffe für Hummer und Schellfische. Wir wollen für sie einen neuen Lebensraum unter Wasser schaffen, indem ganz bestimmte Bedingungen erfüllt werden. Außerdem erkunden wir die Farbinhalte in Zellulose, also in Holz. Den Farbstoff kann man direkt verwenden oder auch trinken, er ist nicht giftig. Bei einem weiteren Projekt arbeiten wir mit Menschen zusammen, die eine spezielle Störung haben und ihre eigene Wohnung zerstören, sobald sie sie betreten. Das kann psychische Gründe haben oder durch Drogen bedingt sein. Der Kontrast zwischen den unterschiedlichen Empfindungen für denselben Ort ist sehr interessant. Ein Raum, der für viele Sicherheit bedeutet, kann bei anderen auch Angst auslösen. Und wir untersuchen, wie ein Raum speziell für diese Menschen aussehen kann.

In euren Konzepten ist von sozialem und öffentlichem Raum die Rede. Worin liegt für dich der Unterschied?
Vielleicht kann man sagen, dass Zugänglichkeit für einen sozialen Raum nicht genügt. Das Opernhausdach ist zwar ein öffentlicher Raum, weil es zugänglich ist. Es wird aber erst dadurch sozial, dass man dort nichts kaufen kann. Jeder interpretiert den Ort anders. Das Dach wird Bühne oder Platz, Meditationsraum oder Tai-Chi-Zentrum mit Aussicht. Die sozialen Aspekte erreichen wir nicht durch ein Konsumangebot, sondern einfach durch das Freigeben eines Platzes, dessen Funktion es ist, die Menschen zur Interaktion zu bewegen. Wenn man keine bestimmte Nutzung anbietet, dann entsteht zumindest die Möglichkeit, selbst zu entscheiden. Man kann sich zum Beispiel gut vorstellen, dass auf dem Dach des Opernhauses die Tai-Chi-Gruppe nicht zwischen Caffè-Latte-Trinkern üben würde. Das ist eine völlig andere programmatische Voraussetzung.

Das Dach ist eigentlich ein Park. Kann ein Park dieser Art auch innerhalb des Gebäudes existieren?
Ja, sicher. Den Zugang und die Palette der angebotenen Dinge zu erweitern ruft ganz andere Emotionen hervor. Es gibt einen riesigen Unterschied zwischen einem Einkaufszentrum und einem Park.

Isn't this collective teamwork very time-consuming and therefore more expensive?
No. The workshops are far more economical than considering everything separately, because we reach a solution much more quickly. Sometimes we formulate a very good concept within six hours. Afterwards, we have to check, of course, whether the hypotheses are correct and function in the design. Usually they do.

That sounds very experimental. How are your creative ideas applied?
We work a lot in the field of research. At the moment, for example, we are developing artificial reefs for lobster and haddock. We want to create a new underwater environment for them where certain conditions are complied with. We're also exploring the colour contained in cellulose; i.e. in wood. The colour can be used directly or even in drinks. It's not poisonous. In another project, we are working with people who have a particular disorder and destroy their own dwellings. That can have psychological reasons, or it can be caused by drugs. The contrast between different perceptions of the same location is very interesting. A space that signifies security for many people can cause anxiety in others; and we are investigating how a space may look especially for these persons.

You speak in your concepts of »social« and »public« space. Where is the difference in your opinion?
One could say that accessibility is not sufficient in itself to create a social space. The roof of the opera house is a public space because it is accessible; but it becomes social only because you can't buy anything there. Everyone interprets the location differently. The roof becomes a stage, or a square, a place for meditation or a t'ai chi centre with a view. We don't achieve social aspects by creating consumer offers, but simply by making a place available with the function of facilitating interaction between people. If no use is specified, at least the possibility exists of deciding for oneself. One can well imagine, for example, that the t'ai chi group would not practise on the roof of the opera house among visitors to a cafe. That is a completely different programmatic requirement.

The roof is actually a park. Can a park of this kind also exist inside the building?
Yes, of course. Extending the access and the range of things on offer conjures quite different emotions. There's a huge difference between a shopping mall and a park.

Don't certain things have to exist in such a space to make it function—like furniture?
There have to be toilets, for example. And things can happen in the space or not. Accessibility is a precondition, but openness and transparency are also important for a sense of freedom. The space mustn't be obtrusive by prescribing what you should do. Take the opera house again: from morning to midnight, the lobby is freely accessible without security gates. You don't have to buy anything, but there are a few pieces of furniture.

Muss es in dieser Art von öffentlichem Raum nicht irgendetwas geben, damit er funktioniert, Möbel vielleicht?
Es muss beispielsweise Toiletten geben. Und es kann etwas in dem Raum passieren, oder auch nicht. Die Zugänglichkeit ist Voraussetzung, aber auch Offenheit und Transparenz sind wichtig für ein Gefühl der Freiheit. Der Raum darf nicht aufdringlich sein, indem er vorgibt, was du tun sollst. Nehmen wir nochmal das Opernhaus als Beispiel. Das Foyer ist von morgens bis Mitternacht ohne Sicherheitsschleusen offen zugänglich. Man muss nichts kaufen, aber es gibt ein paar Möbel. Man kann sich bei angenehmen Temperaturen hinsetzen, wie auf einem öffentlichen Platz. In diesem Fall ging es auch darum, ein neues Publikum zu gewinnen, weil Opernhäuser normalerweise eher elitär sind. Wir wollten die Schwellenbereiche so niedrig wie möglich halten. Man muss dort keinen schwarzen Anzug tragen. Du gehst im Foyer spazieren, und vielleicht kommst du am Schalter vorbei und kaufst spontan ein Ticket.

Die Menschen sollen sich also eure Gebäude zu eigen machen?
Genau! Wenn die Schwellen niedriger sind, ist es für das Publikum leichter einzutreten. Dadurch entsteht ein Gefühl von Intimität, das Gefühl, die Oper gehöre den Menschen. Wenn ich dieses Glas hier vor mir berühre, dann ist es mein Glas. Wenn ich es weiter weg stelle, gehört es dem Büro. Und genauso ist es in der Architektur. Es muss eine gewisse Intimität vorhanden sein, um ein Gefühl von Eigentum zu erzeugen. Architektur und Landschaft werden durch Präpositionen beschrieben. Wie verhält sich dein Körper in Bezug zu einem Objekt? Du bist entweder drinnen oder draußen, davor oder dahinter. Je nach Position wird man natürlich das Objekt oder die Landschaft anders wahrnehmen. Es ist ein anderes Gefühl, im Tal zu sein als auf dem Berg. Wir bieten diese Präpositionen und damit die entsprechenden Möglichkeiten an.

Ist es also das Ziel, möglichst viele dieser Präpositionen durch das Gebäude herzustellen?
Es müssen nicht immer alle angeboten werden, aber eine gewisse Vielfalt an möglichen körperlichen Positionen sollte vorhanden sein, um eine Beziehung zum Gebäude herzustellen. Wenn ich auf das Dach gehen kann, dann ist das mein Dach. Wenn ich dort sitze, dann ist das mein Platz. Ein anonymes unbegehbares Dach gehört dagegen niemandem.

Bei euren Bauten in Saudi-Arabien, wie zum Beispiel dem Kulturzentrum in Dhahran, stoßt ihr sicher an viele Grenzen.
Das Bauen dort ist geprägt von vielen Gegensätzlichkeiten: einerseits Freiheit, andererseits Restriktion. Es kommt für uns stark darauf an, zunächst eine Richtung vorzugeben. Wir müssen uns überlegen, welches Werkzeug die Architektur darstellen kann, auch politisch gesehen. Welche Bedingungen können wir dafür schaffen, die Menschen sich selbst und ihrer Umwelt gegenüber zu sensibilisieren. In Saudi-Arabien gibt es zum Beispiel viel weniger Einschränkungen in Bezug auf das Internet als in China. Wir haben uns gefragt, was in

You can sit down on a seat in an agreeable temperature – as in a public space. In this case, we wanted to attract a new public because opera houses are normally elitist. We wanted to keep the thresholds as low as possible. You don't have to wear a black suit there. You stroll around the lobby, and perhaps you pass the box office and spontaneously buy a ticket.

In other words, people should take possession of your building?
Exactly! When thresholds are lower, it's easier for the public to enter. A feeling of intimacy arises, a feeling that the opera belongs to the people. When I touch this glass here in front of me, it becomes my glass; when I push it away, it belongs to the office. And it's precisely the same in architecture. There has to be a certain intimacy to create a sense of possession. Architecture and landscape are described with prepositions. How does your body relate to an object? You're either inside or outside, in front of or behind something. Depending on the position, a person inevitably perceives an object or the landscape in different ways. You have a different sensation in a valley from when you're on top of a mountain. We offer these prepositions and possibilities.

Is it your aim, then, to create as many of these prepositions as possible through the building?
Not all of them have to be offered, but a range of potential physical positions should be present to establish a relationship with a building. If I can go up on the roof, it's my roof. When I sit down there, that's my place. An anonymous, inaccessible roof belongs to no one.

In your buildings in Saudi Arabia, like the cultural centre in Dhahran, you certainly encountered a lot of obstacles.
Construction there is marked by a series of polarities – freedom and restriction. It's very important that we define a direction. We have to consider what kind of tool the architecture can represent, also in a political respect. What conditions can we create to help people become more sensitive to their own needs and to their environment? In Saudi Arabia, for example, there are far fewer restrictions on the internet than in China. We asked ourselves what happens in a society where every film is digitally accessible, but can never be shown publicly. The answer to this is the first public cinema in Saudi Arabia.

Did the idea for this use come from you?
The idea arose in cooperation with the people there. We develop designs, try to convey them associatively and seek to overcome boundaries. One impulse was a common entrance for men and women, who normally go separate ways. Also the construction of an underground station in Riyadh will allow women greater freedom of movement because they will no longer need a chauffeur to move around in public but can use the metro.

einer Gesellschaft passiert, in der jeder Film digital zugänglich ist, aber nie öffentlich gezeigt werden kann. Die Antwort darauf wird das erste öffentliche Kino in Saudi-Arabien sein.

Kam der Impuls für die Nutzung von euch?
Die Idee ist in der Zusammenarbeit mit den Menschen dort entstanden. Wir entwickeln Entwürfe, versuchen sie assoziativ zu vermitteln und Grenzen aufzuheben. Zum Beispiel entsteht ein gemeinsamer Eingang ins Kino für Frauen und Männer, die normalerweise getrennte Wege gehen. Auch durch den Bau der Metrostation in Riad werden die Frauen mehr Bewegungsfreiheit erlangen, weil sie sich nicht mehr ausschließlich mit dem Chauffeur in der Öffentlichkeit fortbewegen müssen, sondern mit der U-Bahn fahren können.

Wie habt ihr das erreicht?
Durch ständiges Wiederholen und funktionale Argumente, die dann Auswirkungen auf gesellschaftliche Prozesse haben und langsam zu einer Änderung führen. Das hohe Verkehrsaufkommen in Riad macht den Bau der Metro erforderlich. Und dann müssen folgerichtig auch Frauen sie benutzen dürfen. Natürlich prallen auch ab und zu die verschiedenen Ideologien aufeinander. Wir versuchen, gemeinsam auf einer ganz prinzipiellen Ebene eine ähnliche Haltung zu finden, eine Art Fundament, das auf Menschlichkeit beruht. Auf dieser Basis können wir dann Lösungen finden. Wenn man sich grundsätzlich über Werte einig ist, kann man sich später auch mal über reale Dinge streiten. Wir haben deswegen während der Planung sehr viele Mitarbeiter aus Saudi-Arabien im Büro angestellt, die mit ihren Familien in Norwegen leben. Dadurch war die alltägliche Auseinandersetzung ständig präsent, in beide Richtungen.

Bei euren Konzeptskizzen, beispielsweise für die Oper, habe ich den Eindruck, ihr versucht generell immer, ein Gleichgewicht zu finden.
Ja, wir suchen nach einer Balance, in der oft der Eindruck von Schönheit liegt. Aber es darf nicht zu viel Gleichgewicht herrschen, es muss auch eine gewisse Unruhe entstehen. Es ist immer besser, beim Bergsteigen am Abgrund zu stehen als auf der Wiese, weil dort das Drama stattfindet. Für diesen entwerferischen Ansatz muss man experimentell vorgehen. Wir sehen inzwischen weltweit junge Büros, die einen ähnlichen kollektiven Ansatz verfolgen wie wir. Sie arbeiten interdisziplinär und schwellenlos und denken holistisch. Kritisches Denken ist eine Voraussetzung für gute Architektur oder Landschaftsplanung. Ein gutes Konzept können wir vom ganz Kleinen ins ganz Große übertragen, deshalb haben wir keine Probleme mit Maßstabssprüngen. So kann bei uns ein kleiner Pavillon oder ein großes Kulturzentrum entstehen, die beide auf dem gleichen Konzept beruhen. Bei der Ausführung kommt es dann darauf an, mit wie vielen Bällen wir gleichzeitig jonglieren können, ohne dass die Idee verloren geht. Je komplexer der Baukörper, desto weniger Bälle, desto reduzierter der Materialeinsatz.

How did you achieve this?
We achieved these things by constant repetition and functional argumentation. They then have an influence on social processes and slowly lead to change. The great volume of traffic in Riyadh makes the construction of a metro necessary, which women must inevitably be able to use to achieve a genuine improvement. Occasionally the various ideologies collide. We try to find a common attitude based on a consensus that allows us to come up with solutions. Once you have agreed on values, you can argue about real issues. During the planning, therefore, we employed a lot of Saudis in the office who live with their families in Norway. In that way, everyday arguments were ever present – in both directions.

In your concept sketches—for the opera house, for example—I have the impression that you are always concerned with maintaining a balance.
Yes, we are looking for a balance that often gives the impression of beauty. But not too much balance should exist. A certain unrest has to come about, too. When you go mountaineering, it's always better to stand on a precipice, where the drama is, than in a meadow. For this design approach, you have to proceed experimentally. Worldwide, we see a lot of young offices that follow a similar collective line to ours. We work in an interdisciplinary fashion, without thresholds, and we think holistically. Critical thinking is a precondition for good architecture or landscape planning. A good concept can be transferred from a very small to a very large scale. As a result, we can create a small pavilion or a large cultural centre both based on the same concept. In the execution, it depends on how many balls we can keep in the air simultaneously without the idea being lost: the more complex a building is, the fewer the number of balls and the more reduced the use of materials.

Bibliotheca Alexandrina, Alexandria (EG) 2001

Norwegian National Opera and Ballet, Oslo (NO) 2008

Ryerson University Student Learning Centre, Toronto (CA) 2015

STARBUCKS COFFEE

Lascaux IV: The International Centre for Cave Art, Montignac (FR) 2016

Lascaux IV: The International Centre for Cave Art, Montignac (FR) 2016

Muttrah Fish Market, Muscat (OM) 2017

King Abdulaziz Centre for World Culture, Dhahran (SA) 2017

Eduardo Souto de Moura

Eduardo Souto de Moura gehört gemeinsam mit seinem ehemaligen Lehrer Álvaro Siza zu den wichtigsten Vertretern der Schule von Porto. Sein Werk reicht von einfühlsamen Sanierungen und Umnutzungen historischer Gebäude über zahlreiche Einfamilienhäuser, Museen und Geschäftszentren im Geist der Moderne bis hin zum spektakulären Fußballstadion für die EM 2004 in Braga. Nicht zuletzt sein Spiel mit der Tektonik und die sinnliche Haptik der Oberflächen seiner Gebäude gaben den Ausschlag, den Portugiesen 2011 mit dem Pritzker-Preis auszuzeichnen. Das Interview führte Frank Kaltenbach im Juni 2017 in München.

Eduardo Souto de Moura is along with his former teacher Álvaro Siza, the most important representative of the Porto School of Architecture. His work includes thoughtful renovations and conversions of historic buildings as well as numerous detached houses, museums and business centres that embody a modernist spirit, including his spectacular football stadium for the 2004 European Soccer Championship in Braga. His play with tectonics and the sensual haptics of his surfaces were among the deciding factors in awarding the Pritzker Prize to this Portuguese architect in 2011. The interview was conducted by Frank Kaltenbach in 2017.

Frank Kaltenbach *Sie haben an der Hochschule in München einen beeindruckenden Vortrag über Ihre aktuellen Projekte gehalten. Was halten Sie von der aktuellen Architektur hier in München?*
Souto de Moura Ich hatte nur wenig Zeit, mich umzuschauen, und bin in eine Buchhandlung gegangen.

Haben Sie etwas Interessantes gefunden?
Allerdings! Ein Buch über die Stühle von Hans Döllgast. Döllgast hat einige seiner Stühle im gleichen Geist entworfen wie Álvaro Siza – nicht der unabhängige Gestaltungswille, sondern die Konstruktion und die Funktion bestimmen die Form.

Der Wiederaufbau der Alten Pinakothek durch Hans Döllgast wurde vor 60 Jahren abgeschlossen. Was fasziniert Sie daran?
Döllgast stand damals vor einer sehr schwierigen Aufgabe. Er hat den Bau nicht einfach rekonstruiert, sich aber auch nicht für etwas völlig Gegensätzliches entschieden, sondern er blieb bei der ursprünglichen Grundhaltung.

Genau wie Sie bei Ihren Wiederaufbauten und Sanierungen verfallener Klöster und Bauernhöfe?
(lacht) Ja, vielleicht ist das ja das Gemeinsame an all unseren unterschiedlichen Projekten.

Auch Sie halten sich oft nicht exakt an das historische Vorbild. Ergeben sich daraus nicht Probleme mit dem Denkmalschutz?
Für mich ist Geschichte eine Erfindung. Geschichte ist immer subjektiv. Es geht nicht darum, das Vergangene zu wiederholen. Vor vielen Jahren habe ich ein altes verfallenes Kloster im Norden Portugals in ein Fünf-Sterne-Hotel umgebaut. Wie aber wollen Sie Bäder in jedem Zimmer und eine Klimaanlage einbauen, ohne die Architektur zu verändern? Außerdem sind beim Bau ständig alte Mauern umgefallen, die wir wieder neu aufbauen mussten.

Ihre Sanierungen strahlen ja gerade deshalb einen besonderen Charme aus, weil man ihnen den massiven architektonischen Eingriff nicht ansieht. Wie haben Sie das geschafft?
Wer in ein solches Hotel geht, erwartet die Atmosphäre eines alten Klosters mit massiven Steinmauern und -decken und nicht das Centre Pompidou mit sichtbaren Lüftungskanälen. Ganz davon abgesehen funktionieren solche massiven Gebäude klimatisch auch ganz gut ohne technische Anlagen, aber das Risiko wollte der Bauherr nicht eingehen. Wir haben also die Kanäle unter die Gewölbe der Flure gehängt und darunter als Deckenspiegel neue Gewölbe im ursprünglichen Stil aufgemauert. Auch von den neu eingezogenen Stahlkonstruktionen zwischen den Steinwänden ahnen die Besucher nichts.

You gave an impressive lecture on your current projects at the University of Applied Sciences Munich. What do you think of the current architecture here in Munich?
I only had a little time to look around, and went to a bookstore.

Did you find anything interesting?
Yes, indeed! A book on chairs by Hans Döllgast. Döllgast designed some of his chairs in the same spirit as Álvaro Siza – not in the sense of an independent design vision, but in that their construction and function determine the form.

The reconstruction of the Alte Pinakothek by Hans Döllgast was completed 60 years ago. What do you like about it?
Döllgast was faced with a very difficult task at the time. He didn't simply reconstruct the building, but he also didn't decide to do something completely contradictory, and instead maintained its original attitude.

Just like you, with your reconstructions and renovations of dilapidated monasteries and farms?
(laughs) Yes, perhaps this is something we share in common with all of our different projects.

You don't exactly follow the historical model very often, either. Have you encountered any problems due to historical preservation requirements?
For me, history is an invention. History is always subjective. It's not a question of repeating the past. Many years ago, I converted an old dilapidated monastery in the north of Portugal into a five-star hotel. But how do you install bathrooms in every room and air conditioning without changing the architecture? Not to mention that the old walls were constantly falling down and we had to rebuild them.

Your renovations radiate a special charm precisely because they don't reflect extensive architectural interventions. How have you managed to do that?
Visitors to a hotel like that expect the atmosphere of an old monastery with massive stone walls and ceilings, and not the Centre Pompidou with all its visible ventilation ducts. That aside, such massive buildings actually function quite well climatically without technical installations, but the client didn't want to take any risks. So we mounted the air ducts under the vaults in the corridors, and below those we built new vaults in the original style. And visitors have no idea of the steel structures between the walls, either.

Ein aktuelles Beispiel ist der Convento das Bernadas an der Algarveküste. Waren Sie dort ähnlich radikal?
Das Wesentliche eines Gebäudes liegt nicht in der Materialisierung der Oberflächen, sondern in der dahinterliegenden Geisteshaltung. Ein Kulturerbe ist nicht das isolierte Bauwerk als Objekt, sondern die ganze Umgebung als Geografie. Am wichtigsten war es mir, die abgeschottete Anlage durch eine Nachbarbebauung und einen Straßenraum mit der Stadt zu verbinden. Das Areal wurde jahrelang als Mehlfabrik genutzt und war ziemlich baufällig. Die historischen Bauteile bildeten einen zu kleinen Innenhof und einen zur Straße offenen Hof. Den Trakt zwischen beiden Höfen habe ich abgerissen und dafür den fehlenden Abschnitt des Blockrands zu einem einzigen großzügigen Innenhof ergänzt. Der Salzwasserpool erinnert an die naheliegenden Verdunstungsbecken der Meerwassersalzgewinnung. Es ging mir also auch dabei um das Herausarbeiten des Vorhandenen und nicht darum, etwas radikal Originelles zu schaffen. Die Klimaanlagen habe ich dort übrigens einfach in alten hölzernen Kleiderschränken versteckt.

Was war dabei die größte Herausforderung?
Die harmonische Dimensionierung der 120 zusätzlichen Fenster in den 1,20 Meter dicken, traditionell errichteten Mauern. Eine Wand ist ein abstraktes Objekt. Schneidet man ein Loch hinein, bekommt sie sofort einen Maßstab. Adolf Loos hat immer betont, dass ein Fenster nicht nur durch seine Breite und seine Höhe bestimmt wird, sondern auch durch seine Tiefe, und dass die Lage sich nicht nach der Ansicht, sondern nach der Aussicht richten soll. Auch die dunkelrote Farbe der historischen Fassaden war ein Thema. Den Anstrich mit Originalfarbe hätte man jährlich erneuern müssen, daher hat der Bauherr eine cremefarbene Acrylfarbe gewählt. Zum Ausgleich beranken wir die Fassaden mit rot blühenden Pflanzen (lacht).

Wäre nicht Weiß ortstypischer gewesen, wie in Portugal und Andalusien üblich?
Farbe ist ja nicht immer nur ein beliebiger Schmuck, sondern hat ihre Funktion: Die Häuser im indischen Jodhpur sind hellblau gestrichen, weil das Insekten abhält, die traditionellen Holzfassaden in Norwegen blutrot, wegen des Witterungsschutzes. Und so sind cremefarbene Anstriche einfach weniger anfällig gegen Verschmutzung und blenden in der grellen Sonne weniger.

Weshalb ist dann Ihr Museumsbau in Cascais für die surrealistische Malerin Paula Rego rot?
Das Grundstück liegt mitten in einem Park, und die Bevölkerung hatte Angst, dass der alte Baumbestand einem Neubau zum Opfer fallen würde. Schließlich habe ich einen Entwurf in Sichtbeton entwickelt, der mit seinen kaminartigen Oberlichtern Anspielungen auf die Küche im Palast von Sintra macht oder auf unrealisierte Projekte von Ledoux, zusätzlich konnten fast alle Bäume erhalten bleiben. Der einzige Nachteil: Man hat auf den Modellfotos das Museum kaum mehr gesehen. Für eine erhöhte Sichtbarkeit wählten wir dann die Komplementärfarbe zum Grün der Pflanzen.

One current example is the Convento das Bernadas on the Algarve coast. Did you take a similarly radical approach there?
The essence of a building is not in the materials of its surfaces, but in its underlying spirit. A heritage site is not the isolated building as an object, but the whole environment as a geography. The most important thing for me was to connect the isolated complex with the city through a neighbouring building and a streetscape. For years, the complex had been used as a flour factory and was rather dilapidated. The historical buildings formed a courtyard that was much too small, as well as a courtyard that opened to the street. I tore down the tract between the two courtyards and added the missing section of the block periphery to form a single spacious inner courtyard. The salt water pool is reminiscent of the nearby evaporation basins for the extraction of sea salt. So for me, it was also about developing the existing qualities and not about creating something radically original. Incidentally, there I simply hid the air-conditioning units in old wooden wardrobes.

What was the biggest challenge?
The harmonious dimensioning of the 120 additional windows in the traditionally built walls, which were 1.20 metres thick. A wall is an abstract object. Cut a hole in it and immediately it gains a sense of scale. Adolf Loos always emphasised that a window is not only determined by its width and height, but also by its depth, and that its situation should not be determined by how it looks, but according to the view.
The dark red colour of the historic facades was also an issue. The original paint would have had to be renewed annually, so the client chose a cream-coloured acrylic paint instead. To make up for this, we planted the facades with red flowering plants (laughs).

Wouldn't the colour white have been more typical, as is customary in Portugal and Andalusia?
Colour is not always mere ornamentation, but also has a function. The houses in Jodhpur, India are painted light blue because it keeps insects away; traditional wooden facades in Norway use blood-red paint because of the weather protection it offers. And a cream-coloured facade is simply less susceptible to dirt and glare in the bright sunlight.

So why is your museum for the surrealist painter Paula Rego in Cascais coloured red?
The property is situated in the middle of a park and the people there were afraid that the old trees would fall victim to the new building. So I designed a structure in exposed concrete, which, with its chimney-like skylights, references the kitchen in the Palace of Sintra or unrealized projects by Ledoux, and it also preserves almost all of the trees. The only disadvantage is that we could barely see the museum on the photos of the model. In order to increase visibility, we chose the complementary colour to the green foliage.

Haben Sie eine Lieblingsfarbe?
Nein, aber ich habe ein Lieblingsmaterial, und das ist Stein. Portugal ist ein Agrarstaat. Wo immer man im Boden gräbt, trifft man auf Stein, und das ganze Land ist durch Steinmauern parzelliert. Im Norden stößt man vor allem auf Granit, im Süden auf Kalkstein. Diese Dualität zeigt sich nicht nur in der Baukultur – schließlich war der Süden lange von den Arabern besetzt –, sondern sogar in meinem Namen: Souto ist jüdisch und de Moura arabisch.

Was fasziniert Sie so an dem Material?
Naturstein strahlt eine Atmosphäre aus, er hat einen persönlichen Charakter und die Leute lieben ihn wie ihren Hund. Die Handwerker bei uns arbeiten mit einer solchen Hingabe mit Stein, dass sie eigene Lieder dazu gedichtet haben und sie bei der Arbeit singen.

Ihr erstes Haus haben Sie auch aus Stein gebaut, in Deutschland wäre das sehr aufwendig und kostspielig.
Heute kann sich das niemand mehr vorstellen: Bis vor einigen Jahren war Naturstein das billigste Baumaterial – Zyklopenmauerwerk war billiger als Beton und ein Fensterbrett aus Marmor billiger als Blech. Aber das hat sich dramatisch geändert, heute bleibt auch in Portugal der Stein nur besonderen Bauaufgaben oder den Reichen vorbehalten, daher verwende ich oft Beton, Holz oder Stahl. Auch das Haus in Moledo ist ein modernes Gebäude mit einer Betonplatte als Flachdach, das auf Wandscheiben aus altem Natursteinmauerwerk aufliegt. Es ist alt und neu zugleich. Die Elemente der Architektur bleiben immer dieselben, nur die Materialien und Details ändern sich. Es ist wie mit den Säulen der Griechen, die von den Römern, in der Renaissance, im Klassizismus oder von Mies van der Rohe stets neu interpretiert wurden und doch immer Säulen geblieben sind.

Sind Sie nun ein Modernist oder, wie Sie selbst sagen, ein Neoplastizist?
Ich sehe darin keinen Widerspruch. Mit der Moderne ist Stein aus der Architektur verschwunden und erst mit der Postmoderne zurückgekehrt – jedoch nicht als tragende Mauer, sondern als vorgeblendete Fassade ohne Gewicht und Würde. Beim Stadion in Braga habe ich eine archaische Mauer gebaut, bei der auch der kleinste Stein noch trägt. Aber mich faszinieren auch die Case-Study-Häuser, wie das Stahlhaus von Pierre Koenig von 1960 in Los Angeles, das nach dem Vorbild japanischer Architektur entstanden ist. Als ich den Auftrag erhielt, in nur zwei Wochen den Entwurf für das Museum für den Schriftsteller Miguel Torga abzuliefern, war das nur mit einem sehr einfachen Konzept, einer modernen, bungalowartig offenen Raumfolge und einer ganz lapidaren Betonkonstruktion möglich. Die Sinnlichkeit kommt über die Bekleidung der Fassaden mit 4 Meter hohen, vertikal gestellten Schieferplatten aus einem benachbarten Steinbruch. Das braune Material ist fragil, wird bei Regen grün und verwandelt sich zu einem Relief aus Braun, Grün und Weiß, wie ein Bild des Künstlers Pierre Soulage.

Do you have a favourite colour?
No, but I have a favourite material and that's stone. Portugal is an agricultural state. Wherever you dig in the ground, you'll find stone and the whole country is divided up by stone walls. There's granite in the north and limestone in the south. This duality is evident not only in the architectural culture – after all, the southern part of the country was occupied by the Arabs for a long time – but also in my name: »Souto« is Jewish and »de Moura« is Arabic.

What fascinates you about the material?
Natural stone radiates a certain atmosphere; it has a personal character and people love it like they love a pet. The craftsmen here work with such a devotion to stone that they have composed their own songs about it and sing them at work.

You also built your first house from stone; in Germany, this would be very expensive.
It's hard to fathom today, but until a few years ago, natural stone was the cheapest building material. Cyclopean masonry was cheaper than concrete and a marble window sill was cheaper than metal. But that has since changed dramatically. Nowadays the stone in Portugal is reserved for special buildings or for the rich, so I often use concrete, wood or steel. The house in Moledo is also a modern building with a flat concrete slab roof, which rests on old natural stone walls. It's old and new at the same time. The elements of architecture always remain the same, only the materials and details change. It's like the Greek columns that were reinterpreted by the Romans, during the Renaissance and Classicism and then by Mies van der Rohe, but have always remained columns.

So are you a modernist or, as you yourself have said, a neoplasticist?
I don't see any contradiction here. With modernism, stone disappeared from architecture and only returned with postmodernism – not as a load-bearing wall, but as a prefabricated facade without weight or dignity. At the stadium in Braga, I built an archaic wall where even the smallest stone bears importance. But I'm also fascinated by the Case Study Houses, such as the steel house built by Pierre Koenig in 1960 in Los Angeles, which was modelled on Japanese architecture. When I was commissioned to design a museum for the writer Miguel Torga in just two weeks, it was only possible with a very simple concept: a modern bungalow-like open-plan sequence of rooms and a very succinct concrete structure. Its sensuality comes from the facade cladding, with 4 metres high, vertical slate slabs, sourced from a neighbouring quarry. The brown material is fragile, turns green when it rains and transforms into a relief of brown, green and white, like an image by the artist Pierre Soulage.

Hat Bauen mit Stein Zukunft?
Große Steinformate sind wieder in Mode, weil sie alles in einem können: Stabilität garantieren, ein ausgeglichenes Raumklima gewährleisten und Tapeten oder Farbe überflüssig machen. In Anbetracht der hohen Kosten liegt die Zukunft jedoch eher im Leichtbau. Die Erfindung des Betons hatte die Architektur bereits verändert – denken Sie an Le Corbusiers Betonskelett für das »Maison Dom-Ino«. Inzwischen sind große Fortschritte bei Leichtbeton, Leichtmetalllegierungen und Kohlenstoff erzielt worden. Geschichtlich gesehen ergaben sich Innovationen in der Architektur selten aus dem Willen des Architekten allein, sondern dank Materialneuheiten und neuen Anforderungen.

Hat der Pritzker-Preis Ihr Leben verändert?
Ja, zum Guten und zum Schlechten. Der Preis gab mir die Möglichkeit, im Ausland zu arbeiten, was mir zur Zeit der Krise in Portugal sehr geholfen hat. Jeden Tag muss ich Projekte ablehnen, auch weil ich nicht die beste Gesundheit habe, ich rauche zu viel. Andererseits sind dadurch die Ansprüche der Bauherren und der Öffentlichkeit fast nicht mehr zu erfüllen. Auszeichnungen dieser Art sollten auf jeden Fall an junge Architekten gehen, um ihnen zu helfen, sich eine Karriere aufzubauen.

Spiegelt sich die internationale Ausrichtung Ihrer Projekte auch in der Größe Ihrer Büros wider?
Ja, natürlich. In Lissabon sind es 5 Mitarbeiter und in Porto derzeit 25. Mit der Krise in Portugal sind es mal mehr, mal weniger. Ich arbeite gerne mit langjährigen Mitarbeitern, die kennen sich aus und wissen, was ich will. Wir arbeiten auch am Wochenende. Ich liebe es, wenn ich mich ganz auf ein Projekt konzentrieren kann, dann widme ich mich an einem Sonntag nur einem einzigen Wettbewerb.

Zwei Ihrer Töchter haben auch Architektur studiert. Arbeiten Sie bei Ihnen?
Die eine arbeitet bei mir, die andere im Büro von Siza. Seit ich damals bei Siza gearbeitet habe, bin ich mit ihm befreundet. Da wir im gleichen Haus wohnen und dort unsere Büros haben, kommt er abends ab und zu herauf und wir diskutieren unsere Projekte.

Sie arbeiten manchmal auch zusammen, wie beim Expo-Pavillon 2000 in Hannover oder beim Serpentine-Pavillon 2006 in London.
Ja, vor kurzem haben wir das Museum in Santo Tirso gemeinsam fertiggestellt. Siza hat den Erweiterungsbau zwischen dem Kloster und der Kapelle bearbeitet und ich die Vitrinen und die Sanierung im Altbau.

Welche Bauaufgabe interessiert Sie für die Zukunft am meisten?
Utopische Aufgaben interessieren mich nicht. In der Vergangenheit habe ich schon drei Mal eine Kirche entworfen, aber noch nie eine gebaut. Eine persönliche Interpretation zu diesem Thema mit all dem Symbolgehalt und der Geschichte würde mich schon sehr reizen.

Does building with stone have a future?
Large stone formats are back in trend because they can do everything at once: guarantee stability, ensure a balanced room climate and make wallpaper or paint superfluous. But in view of their high costs, the future lies more in lightweight construction. The invention of concrete already transformed architecture – think of Le Corbusier's concrete skeleton at Maison Domino. Now great progress has been made in lightweight concrete, light metal alloys and carbon. In the past, it was seldom a designer's will alone that changed architecture, but rather material innovations together with new demands.

Has the Pritzker Prize changed your life?
Yes, for better and for worse. The prize gave me the opportunity to work abroad, which helped me a lot at the time of the crisis in Portugal. Every day I have to turn down projects, also because I don't have the best health; I smoke too much. On the other hand, it means that clients and the public make demands that are almost impossible to meet. Awards like that should definitely go to young architects to help them build their career.

Is the international orientation of your projects also reflected in the size of your offices?
Yes, of course. There are five employees in Lisbon and twenty-five in Porto. With the crisis in Portugal, it's sometimes more, sometimes less. I like to work with former employees who know what they're doing and who know what I want.
We also work on weekends. I love to be able to focus entirely on a project, so I'll spend the Sunday on a single competition.

Two of your daughters also studied architecture. Do they work with you?
One works for me, the other works in Siza's firm. I've been friends with Siza ever since I worked for him. And since we live in the same building and have our offices there, he comes up from time to time in the evening and we'll discuss our projects.

Sometimes you also work together, for instance with the pavilion for the Expo in Hannover or the Serpentine Pavilion in London in 2006.
Yes, and we recently completed the museum in Santo Tirso together. Siza worked on the extension between the monastery and the chapel, and I finished the vitrines and the renovation of the old building.

What architectural project interests you most for the future?
I'm not interested in utopian tasks. I designed a church three times in the past, but never actually built one. So a personal interpretation of that theme with all its symbolic content and history would be very appealing to me.

House in Moledo do Minho, Caminha (PT) 1998

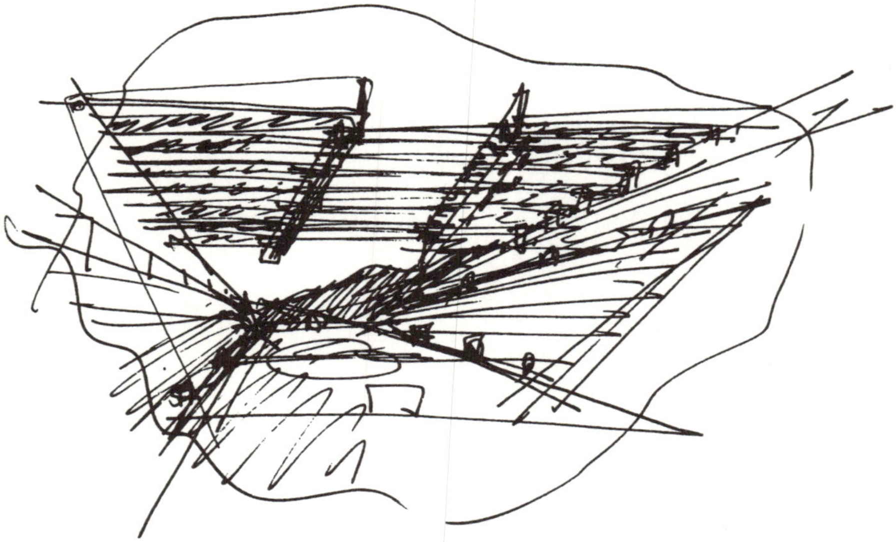

Football Stadium, Braga (PT) 2003

Casa das Histórias Paula Rego, Cascais (PT) 2009

27 single-family homes, Sete Cidades, Azores (PT) 2011, with Adriano Pimenta

Convento das Bernardas, Tavira (PT) 2012

Espaço Miguel Torga, São Martinho de Anta Sabrosa (PT) 2011

Abade Pedrosa Museum, Santo Tirso (PT) 2016; Renovation (Eduardo Souto de Moura) and Extension (Álvaro Siza)

Toyo Ito

Der Japaner Toyo Ito ist für seine vielseitigen Projekte bekannt. Ein Grundthema seines Werks ist es, die sich wandelnde Gesellschaft des Informationszeitalters in seiner Architektur zu reflektieren. Im Februar 2011 traf Christian Schittich Toyo Ito in seinem Büro im lebendigen Tokioter Stadtteil Aoyama. Während des Gesprächs bezieht sich der Architekt immer wieder auf die 2001 vollendete Mediathek im nordostjapanischen Sendai, sein bisheriges Schlüsselprojekt. Drei Wochen später stand die Stadt Sendai im Zentrum der schrecklichen Erdbeben- und Tsunami-Katastrophe, die Japan am 11. März heimsuchte. Itos Meisterwerk selbst blieb dabei jedoch weitgehend unversehrt. Für die Mediathek in Gifu hatte der Architekt zum Zeitpunkt des Interviews gerade den Wettbewerb gewonnen hatte, sie wurde 2015 eröffnet.

Japanese architect Toyo Ito is known for the exceptionally diverse range of his projects. One of the main themes of his work is to reflect the changing nature of society in the information age in his architecture. Christian Schittlich met Toyo Ito in his office, located in Tokyo's livid Aoyama neighbourhood. During the interview, the architect repeatedly refers to the Sendai Mediatheque in Japan's north-east, to this day his key project. Three weeks later, the city of Sendai was in the epicentre of the terrible earthquake and tsunami catastrophe that impacted Japan on March 11. Ito's masterwork remained largely unscathed. At the time of the interview, the architect had just won the competition for the mediatheque in Gifu, the Minna no Mori Gifu Media Cosmos, which was opened in 2015.

Christian Schittich Herr Ito, würden Sie uns kurz die grundlegende Philosophie Ihrer Architektur erläutern?
Toyo Ito Im Allgemeinen ist Architektur sehr traditionell und konservativ. Ich will sie »updaten«, sie den heutigen Lebensformen anpassen. Damit beschäftige ich mich im Moment am meisten.

Was bedeutet das konkret?
Die Computertechnologie und die Vielfalt elektronischer Medien haben unsere Welt, aber auch unsere Wahrnehmung drastisch verändert. Unsere Architektur jedoch bleibt die Gleiche und reagiert kaum auf die neuen Gegebenheiten. Die Menschen gehen heute anders mit den physischen Eigenschaften des Raums um. Wir als Architekten sollten darauf eine Antwort finden. Oder nehmen wir die Gesellschaft: Hier in Tokio beispielsweise ist sie einer starken Kontrolle unterworfen – was die Sicherheit betrifft, aber auch hinsichtlich der Verhaltensweisen. Es gibt eine Menge von Codes oder Regeln, und die Möglichkeit, Spaß zu haben, ist hier sehr eingeschränkt. Ich möchte, dass die Menschen eine größere Offenheit im städtischen Leben vorfinden, und mache mir Gedanken, was die Architektur dazu beitragen kann.

Nennen Sie uns doch bitte ein Beispiel, wie Sie mit Ihrer Architektur die Gesellschaft beeinflussen oder verändern.
Die Mediathek in Sendai ist dafür eines der besten und erfolgreichsten Beispiele. Sendai ist eine sehr traditionelle, sehr konservative Stadt. Noch während des Wettbewerbs stieß unser Vorschlag auf großes Unverständnis. Denn normalerweise ist das Raumprogramm in einem öffentlichen Gebäude in Japan stark nach Funktionen getrennt. Wir aber haben die Funktionen durchmischt und einen offenen Raum geschaffen, den sich die Benutzer selbst aneignen können. Die Menschen nutzen die Mediathek wie einen öffentlichen Park: Junge Paare verabreden sich hier, Schulkinder und alte Leute kommen hier zusammen, spontane Gespräche entstehen. Die Architektur unterstützt die Kommunikation – das ist mir sehr wichtig. In Sendai haben wir uns vielen neuen Herausforderungen gestellt, die dann von den Nutzern überraschend positiv aufgenommen wurden.

Wie hat die Erfahrung mit Sendai Ihre späteren Projekte beeinflusst?
Nehmen wir beispielsweise die Tama Art University Library – die Bibliothek einer großen Universität. Üblicherweise sind Universitäten in verschiedene Fakultäten unterteilt, die in jeweils eigenen Gebäuden untergebracht sind. Der einzige Ort, an dem sich Studenten verschiedener Fachbereiche treffen, ist dann die Cafeteria. Bei unserem neuen Bibliotheksgebäude, das gleich am Eingang des Campus liegt, war es uns wichtig, Räume zu schaffen, in denen sich die Menschen ungezwungen treffen können, etwa indem sie einen Kaffee trinken oder eine Zeitschrift lesen. Und tatsächlich eignen sich die Leute den Raum auf diese

Christian Schittich *Mr. Ito, could you briefly illustrate the basic philosophy behind your architecture?*
Toyo Ito In general, architecture is very traditional and conservative. I intend to »update« it and adapt it to today's ways of life. This is what I'm currently concerned with most.

What does this mean in particular?
Computer technology and the diversity of electronic media have drastically altered our world, but also our entire mode of perception. However, our architecture remains the same and hardly reacts to this new context. People today interact with the physical properties of space in a different way. We, as architects, should find an answer to that. Consider society: Here in Tokyo, for instance, it is subject to a strong degree of control – due to security, but also regarding modes of behaviour. There are numerous codes and rules, and the opportunities for having fun here are very restricted. I would prefer that people encounter a larger degree of openness in urban life. So, I'm reflecting upon what architecture can contribute to this.

Please give us an example of how you can influence or change society through your architecture.
The Sendai Mediatheque is one of the best and most successful examples for this. Sendai is a very traditional, conservative city. Already during the competition phase, our proposal was met with a substantial lack of understanding. Usually, the program of a public building in Japan is strongly differentiated according to functions. We, however, have mixed functions and created an open space that the public can appropriate. People use the Mediatheque similarly to a public park: Young couples meet here, school children and seniors congregate, spontaneous conversations emerge. The architecture supports communication – that is very important to me. In »Sendai«, we have confronted numerous challenges that were, in return, received by the users in a surprisingly positive way.

How has the »Sendai« experience influenced your subsequent projects?
Let's take, for instance, the Tama Art University Library – a library of a large university. Typically, universities are divided into different faculties, each situated in their own buildings. The only place where students from different faculties meet is the cafeteria. In our new library building, situated directly at the entrance to the campus, it was important to us to create spaces in which people can meet without much ado, for instance by drinking a cup of coffee or reading a magazine. People actually appropriate the space this way, and the scope of using space for community has expanded. Another example is the

Weise an. So haben sich die Möglichkeiten, den Raum für die Gemeinschaft zu nutzen, vergrößert. Ein anderes Beispiel ist das Za-Koenji Public Theatre, relativ zentral in Tokio gelegen, nicht weit von Shinjuku. Auch dieses ist offen gestaltet und bietet Räume an, wo Menschen miteinander in Kontakt kommen. Das Angebot an Workshops und die Cafeteria nehmen die Bewohner des umliegenden Viertels sehr stark an. Diese mischen sich dann mit Theaterbesuchern, die teilweise auch von weiter weg kommen.

Wir haben bislang vor allem über den Raum gesprochen und darüber, wie die Menschen sich Ihre Räume aneignen können. Viele Ihrer jüngeren Bauten fallen aber auch durch spektakuläre Formen auf. Welche Bedeutung hat die Form für Sie?

Nach der Mediathek in Sendai hat sich meine Haltung etwas verändert. Davor waren mir Transparenz und Leichtigkeit sehr wichtig, heute ist es auch der Symbolgehalt einer Form. Ich suche nach Formen, die den Leuten etwas erzählen, an welchen sie sich erfreuen können, die den Stadtraum bereichern. Beim TOD's Omotesando Gebäude auf Tokios neuem Modeboulevard etwa haben wir das Tragwerk mit der Fassade kombiniert, statt wie bei der klassischen Vorhangfassade beide zu trennen. Das Ergebnis ist ein Bauwerk, dessen baumartige Struktur in den Stadtraum ausstrahlt und gleichzeitig eine symbolische Bedeutung transportiert. Wenn man so will, haben wir die Gebäudehülle aus der Struktur des Tragwerks heraus entwickelt und damit statische Prinzipien an der Fassade sichtbar gemacht. Jede Veränderung des Musters würde das Gleichgewicht des gesamten Systems stören. Eine derartige Kombination von Tragstruktur, Fassade und Ornament führt zu einer viel dynamischeren und ausdrucksstärkeren Architektur. Das Gebäude wird zum Bildzeichen, eine neue Art von Ornament entsteht. Ein anderes Beispiel ist das gerade fertiggestellte Architekturmuseum in Imabari (Anm. d. Red.: Eröffnung 2011). Es liegt in einer der schönsten Landschaften Japans, und deshalb war uns hier die Form besonders wichtig. Schließlich ist es ein großer Unterschied, ob man in einer derartigen natürlichen Umgebung baut oder im Zentrum Tokios.

In diesem Zusammenhang haben sich offensichtlich auch die von Ihnen bevorzugten Materialien geändert: Früher waren sie meist leicht, transparent und oftmals industriell gefertigt. Heute verwenden Sie immer öfter schwere und sinnliche Materialien wie massive Stahlplatten oder Beton.

Ja, meine Haltung hat sich verändert, Leichtigkeit und Transparenz sind nicht mehr mein Hauptziel. Heute entwerfe ich immer häufiger auch geschlossene Wände anstelle von Glasfassaden. Die Beziehung zwischen Außen und Innen versuche ich dabei durch ausgestanzte Löcher in der Fassade herzustellen, wie auch beim Performing Arts Center Matsumoto oder Mikimoto Ginza 2. Diese Art der Öffnungen lässt die Innen- und Außenseite der Wand gleichwertig erscheinen – eine Erfahrung, die großen Eindruck auf mich macht. Insgesamt aber darf das Material kein Selbstzweck sein. Die entsprechende Wahl hängt sehr stark von dem angestrebten Ausdruck der Architektur ab.

Za-Koenji Public Theatre, situated more or less in Tokyo's centre, not far from Shinjuku. This also has an open character and offers spaces where people can come into contact with one another. The range of workshops and the cafeteria were well received by the residents of the surrounding neighbourhood, enabling them to mix with theatregoers, some of whom come from further away.

Up to this point, we have most of all talked about space and how people can appropriate it within your architecture. However, many of your newer buildings attract attention through their spectacular forms. What does form mean to you?
After the Sendai Mediatheque my approach changed slightly. Before that, transparency and lightness were very important to me; today, the symbolic character of a particular form as well. I search for forms that tell people a story, that entertain them, that enrich urban space. In the case of the TOD'S Omotesando Building along Tokyo's high-end fashion boulevard Omotesando, we combined structure and facade, instead of separating them, as in the classic curtain wall. The result is a building with a tree-like structure that radiates into urban space and simultaneously conveys a symbolic meaning. As you can see, we derived the building envelope from the structural design and, thus, visually expressed structural principles on the facade. Any alteration of the resulting pattern would disturb the balance within the entire system. Such a combination of structure, facade, and ornament leads to a much more dynamic and expressive architecture. The building turns into imagery, and a new type of ornament emerges. Another example is the recently completed architecture museum in Imabari (Editor's note: opened in 2011). It is situated within one of the most beautiful landscapes in Japan, which is why its form was of particular importance. After all, there is a huge difference between building in a natural environment or in Tokyo's city centre.

In this context, your preferences as regards materials have obviously also changed: they used to be mostly light, transparent, and often industrially produced. Today, you increasingly use heavier and more sensual materials, such as solid steel plates or concrete.
Yes, my approach has changed; lightness and transparency no longer are my main goals. Today, I more often design closed walls instead of glass facades. Here I attempt to create a relation between interior and exterior through die-cut holes in the facade, such as in the Matsumoto Performing Arts Centre or the Mikimoto Ginza 2. This kind of opening gives the impression that the interior is equal to the exterior – an experience that greatly impresses me. In sum, material shouldn't be absolute; its selection depends very strongly on the architecture's intended expression.

Wie beeinflussen Materialien die Art und Weise, wie sich Menschen Räume aneignen?
Vor vielleicht 20 Jahren, beim Museum in Yatsushiro etwa, wollte ich die Materialien nicht als solche zeigen, ihre Präsenz eher in den Hintergrund stellen und mehr ihre Eigenschaften zum Ausdruck bringen: der Härtegrad von Aluminium zum Beispiel oder dessen Glanz. Heute aber ist mir die physische Präsenz, die Materialität der Architektur und die Frage, wie die Materialien dazu beitragen können, diese zu erzeugen, oft wichtiger als der Raum. Seit der Mediathek in Sendai interessiere ich mich beispielsweise sehr stark für die Eigenschaften von Stahl. Stabtragwerke oder Rahmen aus diesem Material haben wir schon häufig entworfen. In Sendai aber haben wir erstmals auch dicke Stahlbleche im Tragwerk verwendet. Heute ist das nur noch im ersten Obergeschoss zu sehen, während der Bauzeit jedoch offenbarten sich mir die zahlreichen Möglichkeiten des Materials. In der Folge haben wir es dann etwa beim Za-Koenji Public Theatre, bei Mikimoto Ginza 2 oder dem schon erwähnten Museum in Imabari verwendet. Heutige Schweißtechniken erlauben es, eine nahtlose Gebäudehülle aus Stahlblech herzustellen, die eine besondere Ausdruckskraft besitzt. Sie zeigt nicht nur die Schönheit des Materials selbst, sondern symbolisiert im übertragenen Sinn auch Stärke. Und gerade der Bedeutungsgehalt von Architektur wird mir immer wichtiger.

Vorhin haben Sie erklärt, mit Ihren Fassaden und den verwendeten Materialien die Informationsgesellschaft, das elektronische Zeitalter, ausdrücken zu wollen, beispielsweise durch vielschichtige Überlagerungen und die dadurch entstehenden Übergänge von Transparenz zu Transluzenz, wie etwa auch an den Fassaden der Mediathek in Sendai. Heute verwenden Sie andere, schwerere Materialien, doch die Grundidee, damit der jetzigen Gesellschaft zu entsprechen, ist geblieben?
Das 20. Jahrhundert ist durch den Internationalen Stil geprägt, der überall auf der Welt zu einer ähnlichen Architektur führte. Heute erlauben uns moderne Computertechnologien, viel individuellere Gebäude zu entwerfen, mit denen wir wesentlich besser auf den spezifischen Ort und damit auch auf die jeweilige Gesellschaft eingehen können. Dabei können auch lokale Fertigkeiten in die Materialwahl einfließen. Beim Bau der Mediathek in Sendai war die Bearbeitung der Stahlplatten sehr schwierig. Dafür verließen wir uns auf lokale Schiffsbauer. Diese waren sehr stolz auf ihre Arbeit und strahlten die Haltung aus: »Ohne uns hätte die Mediathek nicht gebaut werden können«. Es ist schon bezeichnend: Obwohl wir immer ausgefeiltere Computerprogramme einsetzen, hängt der Erfolg einer Konstruktion dann letztendlich doch sehr stark von der menschlichen Handarbeit auf der Baustelle ab.

Stichwort Computer: Wie beeinflussen digitale Werkzeuge den Entwurf selbst?
In unserem Büro ist es eher so, dass der Computer weniger den eigentlichen Entwurf verändert. Vielmehr schafft er neue Möglichkeiten, diesen zu veranschaulichen und mittels 3D-Modellen unter allen Beteiligten

How do materials influence the way people appropriate space?
Perhaps 20 years ago, in the Yatsushiro Municipal Museum for instance, my intention was not to display the materials as such, but rather let them recede into the background and express their characteristics: The softness of aluminium for instance, or its brilliance. Today, however, the question of how a material's strength can contribute to the creation of the architecture's physical presence is more important to me than space itself. Since Sendai, for instance, I've been interested very much in the characteristics of steel. In the past, we had often designed steel truss and frame structures. For the mediatheque in Sendai, however, we used thick steel plates within the structure for the first time. Today, that is only visible on the first floor. The material's numerous opportunities became apparent to me during construction. In following projects, we employed that, for instance in the Za-Koenji Public Theatre, in Mikimoto Ginza 2, and the Architecture Museum in Imabari. Current welding techniques permit the creation of a seamless building envelope made of steel sheet metal with a particular power of expression. It not only displays the beauty of the material itself, but also figuratively symbolises strength. Architecture's narrative power in particular is becoming increasingly important.

Earlier you mentioned that you intended to reflect the information society, the electronicage, also through your facades and the employed materials. For instance, by use of multilayered superimposition and the transitions it creates, from transparency to translucency, such as in the facades of the Sendai Mediatheque. Today you use other, heavier materials; but the basic idea of corresponding to contemporary society has remained?
The 20th century is characterised by the International Style, which led to a similar architecture all over the world. Today, modern computer technology allows us to design much more individual buildings, with which we can respond to a specific location, and therefore, also to a specific society in a significantly improved way. Within this approach, local craftsmanship and techniques can become a part of the material selection process as well. In »Sendai«, handling the steel plates was very difficult. We relied on ship builders for this task. They were very proud of their work, and their attitude expressed this: »this Mediatheque would not have happened without us.« This is quite telling. While we use more and more sophisticated computer programs, at the end of the day, successful building depends very strongly on human manual labour on the construction site.

Talking about computers: how do digital tools influence the actual design?
In our office, computers have a rather minor influence on the actual design. Instead, they provide new opportunities to visualize and communicate it to all parties involved via 3D modelling, or to exchange data between architects, engineers, and contractors. The computer is more a means of communication than a design tool. In the era prior to mod-

zu kommunizieren bzw. Daten zwischen den Architekten, Ingenieuren und ausführenden Firmen auszutauschen. Der Computer ist mehr ein Kommunikationsmittel als ein Entwurfswerkzeug. In den Zeiten vor der Moderne waren Planung und Ausführung bzw. Entwurfsverfasser und Handwerker wesentlich enger verzahnt. Die digitalen Technologien ermöglichen es uns, wieder an die früheren Zeiten anzuknüpfen und beide Seiten stärker miteinander zu verbinden – vielleicht sogar enger als je zuvor.

Aber heutige Computertechnologien bieten doch auch größere Freiheiten, ausgefallene Formen zu entwickeln wie etwa bei Ihrem gerade entstehenden Opernhaus in Taichung, das auf seine Art vor zehn Jahren noch nicht möglich gewesen wäre.
Ja, auf der einen Seite ermöglichen uns digitale Werkzeuge größere Freiheiten, dreidimensionale Formen zu entwickeln. Im Endeffekt aber läuft es immer wieder darauf hinaus, wie diese dann überwiegend in Handarbeit umgesetzt werden können.

Wie läuft der Entwurfs- und Arbeitsprozess in Ihrem Büro ab?
Ein typischer Entwurfsprozess – ganz gleich ob für einen Wettbewerb oder Direktauftrag – beginnt mit einer offenen Diskussion unter den am Projekt Beteiligten. Dabei gibt es keine Hierarchie. Ich selbst bringe meine Vorstellungen und Ideen genauso ein wie alle anderen in unserem Projektteam. Ebenso wichtig ist es, dass schon sehr bald Tragwerksplaner und in letzter Zeit auch immer häufiger Energieberater in unsere regelmäßigen Gruppendiskussionen einbezogen werden. Später, wenn es an die Werkplanung geht, nehmen wir dann auch Vertreter der ausführenden Firmen dazu, die in Japan ein sehr großes Knowhow haben.

Gerade die Tragwerksingenieure spielen bei einigen Ihrer jüngeren Bauten – von Sendai über Ihren Serpentine-Pavillon 2002 in London bis zum National Taichung Theater – eine wichtige Rolle. Können Sie kurz erläutern, wie diese jeweils den Entwurf mitprägen?
Beim Serpentine-Pavillon haben wir uns vom ersten Moment an sehr intensiv mit Cecil Balmond ausgetauscht, es war eine sehr fruchtbare Zusammenarbeit (siehe auch S. 34ff.). Beide Seiten haben ihre Ideen eingebracht, als gleichberechtigte Partner. Wir haben beispielsweise Fragen gestellt, und Cecil Balmonds Antworten waren viel tiefgründiger als die Fragen selbst. Er spricht nicht nur über die Tragwerke, sondern über tausend andere Dinge, über das Wesen des Bauens an sich. Das Projekt in Taichung lief anders ab. Wir hatten unseren Wettbewerbsbeitrag ohne Beteiligung der Arup-Ingenieure erbracht. Diese kamen dann später dazu und fungieren nun eher wie Berater, die uns helfen, ein bestehendes Konzept umzusetzen.

Das National Taichung Theater entstand in einem parametrischen Planungsprozess mit einem zentralen dreidimensionalen Modell. Gleichzeitig wird in Ihrem Büro noch sehr viel von Hand skizziert und anhand selbst gebauter Arbeitsmodelle verifiziert. Wie ist die Arbeit aufgeteilt? Haben Sie eigene

ernism, the degree of integration between planning and implementation, or between designer and craftsman was stronger than today. Digital technology enables us to reflect on this earlier era and reconcile these positions, perhaps in ways stronger than ever before.

But today's computer technologies also offer greater freedom in developing exceptional forms, such as in the case of your opera house in Taichung, recently under construction; a building that would have been impossible to create ten years ago.
Yes. On the one hand, digital tools create greater freedom in developing three-dimensional forms. In the end, however, what counts is how these can be translated into a predominantly manual-labour oriented process.

How do processes of design and work take place in your office?
A typical design process begins with an open discussion among involved personnel. There is no hierarchy in place. I introduce my visions and ideas in the same way as everyone else in our project team. It is just as important to include structural engineers and, increasingly, energy consultants early on in our regular group discussions. Later, during creation of construction documents, representatives from contracted firms that have significant know-how in Japan, become part of the process as well.

Structural engineers in particular play an important role in some of your more recent buildings—Sendai Mediatheque, the Serpentine Gallery Pavilion in London, and the National Taichung Theater. Could you briefly explain how they influence the design?
In the case of the Serpentine Gallery Pavilion, communication with Cecil Balmond was most intensive from the very beginning. It was a very productive cooperation. Both parties introduced their ideas as equal partners. For instance, we asked questions, and Cecil Balmond's answers were much more in-depth and profound than the questions. He doesn't only speak of structural engineering, but also about myriads of other things and the nature of building as such.
The project in Taichung proceeded differently. We had submitted our competition entry without the cooperation of Arup's engineers. These joined us later and rather acted as consultants who helped us implement an already formulated concept.

The National Taichung Theater was developed within a parametric planning process based on a central three-dimensional model. At the same time, a lot of hand sketching takes place in your office, as well as design verification with hand-made models. How is the work process structured? Do you have your own computer specialists as some of Europe's leading practices do? And what are the advantages and limitations of these design tools?

Computerspezialisten wie einige der führenden Büros in Europa? Und wo liegen die Vor- und Nachteile der jeweiligen Entwurfsmittel?
Im Fall von Taichung nutzten wir die Computer, um komplizierte geometrische Formen zu entwickeln. Diese überprüfen wir dann aber stets an selbst gebauten Arbeitsmodellen, z. B. aus Drahtgittern, mit denen man geschwungene Formen am besten darstellen kann. Handskizzen dagegen sind zur Veranschaulichung von räumlichen Zusammenhängen oder Proportionen ungeeignet. In der Zwischenzeit arbeiten die Tragwerks- und Klimaingenieure an ihren Simulationen. In dieser Hochphase des Projekts gibt es ein ständiges Abstimmen zwischen Vorschlägen und Anmerkungen.

Würden Sie kurz das Konzept für das National Taichung Theater erläutern?
Unser Entwurf für Taichung resultiert aus einem Wettbewerbsgewinn im Jahr 2005. Das Projekt befindet sich in einem Restrukturierungsgebiet und umfasst neben drei Konzert- und Theaterräumen – dem großen Opernraum (Grand Theatre) mit 2000 Sitzen, dem Theater (Playhouse) mit 800 und der Black Box mit 200 Plätzen – auch eine Art Plaza mit Einkaufszentrum, Restaurant und Café sowie gestaltete Freiflächen. Unser Vorschlag baut auf einem »Emerging Grid« auf, einem räumlichen Rastersystem aus gekrümmten Oberflächen, das es ermöglicht, die komplexen Nutzungen zusammenzubinden und gleichzeitig eine räumliche Vielfalt zu erzeugen. Auch bei diesem Projekt ist es uns wichtig, dass Zwischenbereiche entstehen, die zur ebenso ungezwungenen wie stimulierenden Begegnung zwischen Besuchern und Künstlern führen. Die Planung, bis auf die Arbeit an den Details, ist weitgehend abgeschlossen, der Baubeginn erfolgte Ende letzten Jahres. (Anm. d. Red.: Das National Taichung Theater wurde 2016 fertiggestellt.)

Welche Bedeutung hat für Sie das Konstruktionsdetail?
Details drücken sehr stark das Konzept eines Gebäudes aus, sie prägen sein Erscheinungsbild. Dabei verstehe ich unter Detail nicht nur, wie verschiedene Materialien an einem Punkt zusammentreffen und in welcher Beziehung sie zueinander stehen. Früher habe ich das klassische Detail eher vernachlässigt. Das hat sich in den vergangenen 25 Jahren geändert.

Wenn wir von Deutschland aus die Architektur in Japan betrachten, haben wir den Eindruck, dass es dort manchmal leichter ist, filigrane Details zu entwickeln, da beispielsweise der Wärmeschutz und die Vermeidung von Kältebrücken keine so große Rolle spielen. Welche Rolle spielt Nachhaltigkeit für Sie?
In Deutschland werden Gebäude mit einem hohen Baustandard und einer hohen technischen Leistungsfähigkeit verlangt. Dort gibt es sehr strenge Vorschriften bezüglich der Wärmedämmung. Auf der einen Seite ist das heute aus gesellschaftlichen und klimatischen Gründen notwendig. Auf der anderen Seite aber schneidet eine solche Entwicklung die Architektur von ihrer Umgebung ab. Das ist die Kehrseite der Medaille. Nehmen wir beispielsweise das

In the case of Taichung, we used computers to develop complex geometric forms. These are, however, validated through model building, for instance with wire mesh, which is ideal for creating curved forms. Hand sketches are rather unsuitable for visualizing spatial interrelations or proportions. In the meantime, the structural and mechanical engineers get to work on their simulations. In this peak phase of the project, continuous coordination occurs between suggestions and comments.

Could you briefly explain Taichung's concept?
Our design for the National Taichung Theatre resulted from winning a competition in the year 2005. The project is situated in an urban renewal area in the heart of this Taiwanese metropolis and comprises not only three concert and theatre spaces – the Grand Theatre with 2000 seats, the Playhouse with 800 seats, and the Black Box with 200 seats – but also a kind of »plaza« with shopping centre, restaurant, and cafe, as well as designed open spaces. Our contribution is based on an »emerging grid«, a spatial grid system consisting of curved surfaces, which enables the complex functions to be integrated, while simultaneously producing spatial diversity. In this project as well, it is important to us that transitional spaces develop that facilitate both effortless as well as stimulating encounters between visitors and artists. Planning is for the most part completed, and construction began towards the end of last year. (Editor's note: The National Taichung Theatre was completed in 2016.)

What is, to you, the significance of construction details?
Details very strongly express a building's concept, they very strongly inform its visual appearance. In this regard, the meaning of »detail« to me isn't only how different materials converge in one point and what their interrelation is. Earlier in my practice, I had actually neglected the classic detail. That has changed in the past 25 years.

When we, in Germany, take a look at architecture in Japan, we have the impression that developing delicate details is often easier here. Thermal insulation and the avoidance of thermal bridges, for instance, don't seem to be as important. What role does sustainability have for you?
In Germany, requirements call for buildings with high construction standards and high technical performance. There are very strict regulations in place in regard to thermal insulation. On the one hand, that is necessary these days, due to societal and climatic considerations. On the other hand, such a development separates architecture from its environment. That is its disadvantage. Let's take, for instance, the traditional Japanese house with its paper shoji or fusuma screens, which in fact don't offer very good thermal insulation. Houses get very cold in winter, and very warm in summer. However, these sliding panels lead to a strong interrelation between nature and architecture, between

traditionelle japanische Haus mit seinen Papierschiebewänden (Shoji-Screens, Fusuma), die tatsächlich keine gute Wärmeisolierung bieten. Im Winter wird es im Haus sehr kalt, im Sommer heiß. Andererseits aber führen die Schiebewände zu einer starken Beziehung zwischen der Natur und der Architektur, zwischen den Menschen und der Natur und sogar zwischen den Menschen untereinander. Die Bewohner spüren, was draußen vor sich geht. Das stimuliert unsere Sinne. Wenn wir gut gedämmte Wände errichten, die den Innenraum abschirmen, mag das zunächst einmal sehr komfortabel sein. Doch der Mensch ist von seiner Umgebung getrennt – er nimmt sie sinnlich nicht wahr – und darin sehe ich ein Problem.

Auch in Japan wollen die Menschen heute mehr Komfort. Früher haben sie sich, wenn es draußen kalt war, um den Kotatsu - die Feuerstelle mit heißen Kohlen - versammelt und vielleicht trotzdem noch gefroren. Heute schalten sie die Klimaanlage ein und verschwenden eine Menge Energie.
Natürlich sind wir heute einen höheren Komfort und das Leben mit unseren Klimageräten gewohnt. Eine Lösungsmöglichkeit aber sehe ich darin, differenzierte Raumfolgen anzubieten. Wenn es sehr kalt ist, ziehen sich die Leute in den inneren, gut beheizten Kern zurück. Den größten Teil des Jahres aber ist das Klima nicht so streng und die Menschen können auf ein breites Angebot an räumlichen Qualitäten zurückgreifen. Eine derartige Lösung ermöglicht den kontinuierlichen Übergang von außen nach innen und ist trotzdem energiebewusst. Dieses Prinzip haben wir beim Wettbewerb für eine Mediathek, den wir gerade in Gifu gewonnen haben, angewendet (Anm. d. Red.: Der sogenannte Minna no Mori Gifu Media Cosmos ist mittlerweile fertiggestellt und wurde 2016 eröffnet.). Unser Ziel ist es dabei, den Energieverbrauch um etwa die Hälfte zu senken. Und zwar mit einem Konzept, das vorsieht, den Leseraum stets auf einem angenehmen Temperaturniveau zu halten, nicht aber die angrenzenden Bereiche, wo die Bücher stehen und wo sich der Nutzer nur aufhält, um diese zu suchen oder zu holen.

Worin sehen Sie die größte Herausforderung für die Zukunft?
In der Industriegesellschaft des 20. Jahrhunderts waren aufgrund des starken Bevölkerungswachstums Gebäude vonnöten, die schnell und in Massen produziert werden konnten. Für diese Anforderungen war das dreidimensionale homogene Raster der Architektur der Moderne sehr effektiv. Auf der anderen Seite aber hat dies zu einer immer gleichförmigeren Welt geführt. Und zwar zu einer gleichförmigen Architektur ebenso wie zu gleichförmigen Menschen, wobei ich Letzteres als noch problematischer ansehe. Das 21. Jahrhundert bietet nun die Chance, dass die Menschen wieder individuellere Charaktere ausbilden. Wir als Architekten sind dafür verantwortlich, die geeigneten Räume zu schaffen, um diese Entwicklung zu fördern.

people and nature, and even between people. People can tell what is happening outside. That stimulates our senses. If we create well-insulated walls that enclose interiors, that may be very comfortable at first. Yet, as result, people become separated from their environment – they cease to perceive it with their senses – and I consider that a problem.

But don't people in Japan today want a higher comfort level as well? In earlier times, when it was cold outside, they huddled around the kotatsu - the table with built-in charcoal heater - and were perhaps still feeling cold. Today, they turn the air conditioning on and waste a lot of energy.

Of course, nowadays we are used to a higher level of comfort and living with air conditioning. I consider offering differentiated spatial sequences as one possible solution. If it is very cold outside, people withdraw into the internal, well-heated core. The greater part of the year, though, the climate isn't so harsh, and people can choose from a broad range of spatial qualities. This enables a continuous transition between exterior and interior and still acknowledges energy consumption.

We have recently employed this principle in our winning competition entry for a mediatheque in Gifu. (Editor's note: Ito is referring here to the Minna no Mori Gifu Media Cosmos, which has since been built and opened in 2016.)

Our goal was to reduce energy consumption by about 50 percent, by continuously keeping temperature levels in the reading room at pleasant levels, but not in bordering, auxiliary areas where the books are kept and where users only go to search for or fetch them.

What, to you, is the greatest challenge for the future?

Due to strong population growth the industrial societies of the 20th century required buildings that could be produced quickly and in large quantities. For related requirements, the three-dimensional, homogeneous grids of modernist architecture were very effective. However, this led to a more and more homogeneous world, and just as much, to homogeneous architecture as well as homogeneous people, the latter being the most problematic, in my view. The 21st century now offers the opportunity for people to reclaim an individual character. As architects, we are responsible for creating adequate spaces in order to advance this development.

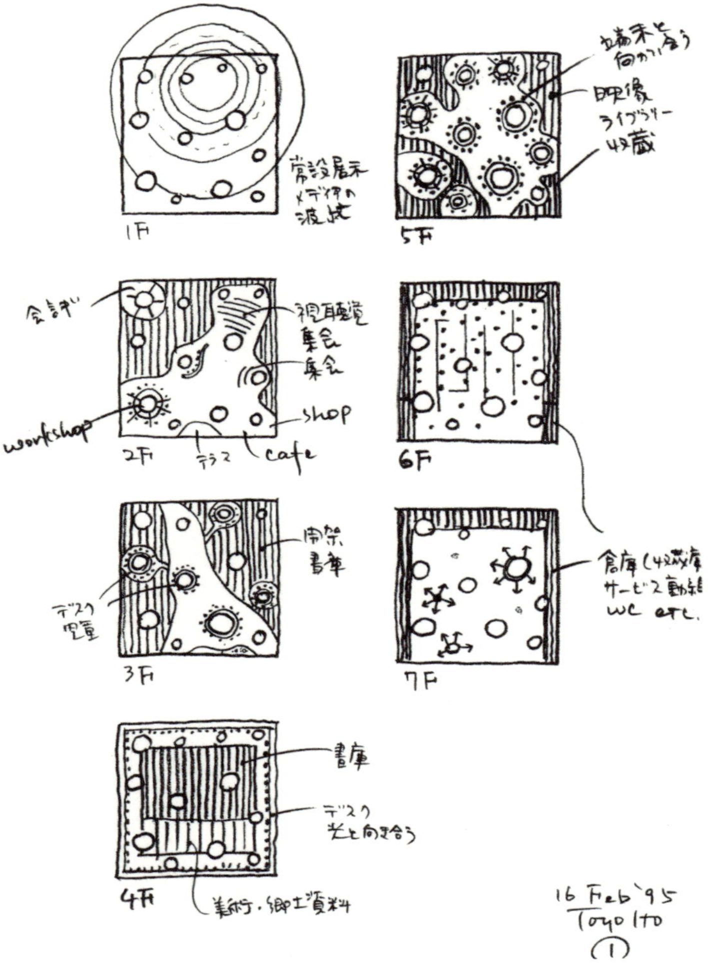

Sendai Mediatheque (JP) 2001

せんだいメディアテーク
2001年1月26日オープン
sendai mediatheque
grand opening 26 Jan 2001

Meiso no Mori Municipal Funeral Hall, Gifu (JP) 2006

Tama Art University Library, Tokyo (JP) 2007

Za-Koenji Public Theatre, Tokyo (JP) 2008

National Taiwan University College of Social Sciences, Taipei (TW) 2014

Minna no Mori Gifu Media Cosmos (JP) 2015

Biografien
Biographies

1933	geboren in Matosinhos (PT)
1949–1955	Studium der Architektur an der Escola Superior de Belas Artes do Porto der Universität Porto (PT)
1958	Gründung des eigenen Architekturbüros
seit 1966	zahlreiche Lehrtätigkeiten, u.a. als Gastprofessor an der Eidgenössischen Technischen Hochschule Lausanne (CH) sowie als »Kenzō Tange Visiting Professor« an der Graduate School of Design, Harvard University, Cambridge (US)

1933	Born in Matosinhos (PT)
1949–1955	Studied architecture at the Escola Superior de Belas Artes do Porto, University of Porto (PT)
1958	Founded own architectural studio
since 1966	Teaching: amongst others as visiting professor at the École polytechnique fédérale de Lausanne (CH) and as »Kenzō Tange Visiting Professor« at the Graduate School of Design, Harvard University, Cambridge (US)

AUSGEWÄHLTE PROJEKTE UND AUSZEICHNUNGEN

2014	Álvaro-Siza-Promenade auf dem Vitra Campus, Weil am Rhein (DE)
2012	»Il Giardino delle Vergini«-Pavillon, Architektur-Biennale Venedig (IT)
2012	Goldener Löwe der Architektur-Biennale Venedig für sein Lebenswerk
2011	Büro- und Laborgebäude Novartis Campus, Basel (CH)
2008	Fundação Iberê Camargo, Porto Alegre (BR) (mit Carlos Castanheira)
2005	Serpentine-Pavillon, London (UK)
2002	Goldener Löwe, Biennale Venedig (IT)
2000	Portugal-Pavillon, Expo 2000, Hannover (DE)
1998	U-Bahnhof Baixa Chiado, Lissabon (PT)
1998	Praemium Imperiale der Japan Art Association
1996	Kirche Santa Maria, Marco de Canaveses (PT)
1994	Vitra Fabrikhalle, Weil am Rhein (DE)
1993	Galizisches Zentrum für zeitgenössische Kunst, Santiago de Compostela (ES)
1992	Pritzker-Preis für Architektur
1988	Mies van der Rohe Award for European Architecture
1987	Wohnhaus Schlesisches Tor (»Bonjour Tristesse«), Berlin (DE) (mit Peter Brinkert)
1977	Saõ-Victor-Sozialwohnungen, Porto (PT)
1973	Piscinas-de-Marés-Schwimmbad, Leça da Palmeira (PT)
1963	Boa-Nova-Teehaus, Leça da Palmeira (PT)

SELECTED PROJECTS AND AWARDS

2014	Álvaro Siza Promenade on the Vitra campus, Weil am Rhein (DE)
2012	»Il Giardino delle Vergini« Pavilion, Venice Biennale of Architecture (IT)
2012	Golden Lion for Lifetime Achievement of the Venice Architecture Biennale
2011	office and laboratory building on the Novartis Campus, Basel (CH)
2008	Fundação Iberê Camargo, Porto Alegre (BR) (with Carlos Castanheira)
2005	Serpentine Pavilion, London (UK)
2002	Golden Lion at the Venice Biennale
2000	Pavilion of Portugal, Expo 2000, Hannover (DE)
1998	Baixa Chiado metro station, Lisbon (PT)
1998	Praemium Imperiale of the Japan Art Association
1996	Church of Santa Maria, Marco de Canaveses (PT)
1994	Vitra factory hall, Weil am Rhein (DE)
1993	Galician Centre of Contemporary Art, Santiago de Compostela (ES)
1992	Pritzker Architecture Prize
1988	Mies van der Rohe Award for European Architecture
1987	Apartment building »Bonjour Tristesse« Schlesisches Tor, Berlin (DE) (with Peter Brinkert)
1977	Sao Victor housing project, Porto (PT)
1973	Piscinas de Marés swimming pool, Leça da Palmeira (PT)
1963	Boa Nova Tea House, Leça da Palmeira (PT)

1943	geboren in Sri Lanka (LKA)
1965–1970	Studium Universität von Southampton sowie Imperial College, London (UK)
seit 1968	bei Ove Arup & Partners
seit 1997	Lehrtätigkeit, u.a. Eero Saarinen Gastprofessur, Yale University School of Architecture (US); Visiting Kenzo Tange critic, Harvard Graduate School of Architecture, Cambridge (US) and as Paul Phillipe Cret Professor of Architecture, Penn Design, University of Pennsylvania, Philadelphia (US)
2009	Doktor der Naturwissenschaften, Universität von London (UK)
2011	Gründung Balmond Studio in London (UK)
2012	Doktor der Naturwissenschaften, Universität von Southampton (UK)
2012	Buchveröffentlichung »Crossover«

AUSGEWÄHLTE PROJEKTE UND AUSZEICHNUNGEN

2016	Thomas Jefferson Foundation Medaille in Architektur
2016	Nationaltheater Taichung, Taichung (TW) (mit Arup AGU, in Zusammenarbeit mit Toyo Ito & Associates)
2015	Offizier des Ordens des Britischen Königreichs, für Verdienste um die Architektur
2012	ArcelorMittal Orbit, London (UK) (in Zusammenarbeit mit Anish Kapoor, Arup AGU, Ushida Findlay Architects)
2009	Weave Bridge, Philadelphia, Pennsylvania (US) (mit Arup AGU)
2006	Serpentine-Pavillon, London (UK) (mit Rem Koolhaas)
2005	Serpentine-Pavillon, London (UK) (mit Álvaro Siza, Eduardo Souto de Moura, Arup AGU)
2003	RIBA Jencks Preis für Theorie und Praxis der Architektur
2002	Serpentine-Pavillon, London (UK) (Arup AGU, in Zusammenarbeit mit Toyo Ito)
2002	Gengo Matsui Preis
2001	Serpentine Pavillon, London (UK) (mit Daniel Libeskind)
1995	Stadionkonzept, Chemnitz (DE) (mit Arup AGU, in Zusammenarbeit mit Peter Kulka, Ulrich Königs)

1943	Born in Sri Lanka (LKA)
1965–1970	Academic studies at the University of Southampton and at the Imperial College, London (UK)
1968	Joined Ove Arup & Partners
since 1997	Teaching: amongst others as Visiting Saarinen Professor, Yale University School of Architecture, New Haven (US); Visiting Kenzo Tange critic, Harvard Graduate School of Architecture, Cambridge (US); Paul Phillipe Cret Professor of Architecture, Penn Design, University of Pennsylvania, Philadelphia (US)
2009	Doctor of Science, University of London (UK)
2011	founding of Balmond Studio in London (UK)
2012	Doctor of Science, University of Southampton (UK)
2012	book publication of Crossover

SELECTED PROJECTS AND AWARDS

2016	Thomas Jefferson Foundation Medal in Architecture
2016	National Taichung Theatre, Taichung (TW) (with Arup AGU, in collaboration with Toyo Ito & Associates)
2015	Officer of the Order of the British Empire, Services to Architecture
2012	ArcelorMittal Orbit, London (UK) (in collaboration with Anish Kapoor, Arup AGU, Ushida Findlay Architects)
2009	Weave Bridge, Philadelphia, Pennsylvania (US) (with Arup AGU)
2006	Serpentine Pavilion, London (UK) (with Rem Koolhaas)
2005	Serpentine Pavilion, London (UK) (with Álvaro Siza, Eduardo Souto de Moura, Arup AGU)
2003	RIBA Jencks Award for theory and practice in architecture
2002	Serpentine Pavilion, London (UK) (Arup AGU, in collaboration with Toyo Ito)
2002	Gengo Matsui Prize
2001	Serpentine Pavilion, London (UK) (with Daniel Libeskind)
1995	Chemnitz Stadium concept, Chemnitz (DE) (with Arup AGU, in collaboration with Peter Kulka, Ulrich Königs)

FRANK BARKOW

1957	geboren in Kansas City, Missouri (US)
1982	Bachelor of Architecture, Montana State University, Bozeman (US)
1990	Master of Architecture, Harvard University, Graduate School of Design, Cambridge (US)
1993	Bürogründung Barkow Leibinger
seit 1990	Lehrtätigkeit, u.a. Gastprofessuren an verschiedenen Universitäten wie der Cornell University, Ithaca, USA, der École Polytechnique Fédérale de Lausanne (CH), der Harvard University, Cambridge (US), am Royal College of Art in London (UK), sowie der Princeton University School of Architecture (US)

REGINE LEIBINGER

1963	geboren in Stuttgart (DE)
1989	Diplom, Technische Universität Berlin (DE)
1990	Master of Architecture, Harvard University, Graduate School of Design, Cambridge (US)
1993	Bürogründung Barkow Leibinger
seit 1993	Lehrtätigkeit, u.a. Gastprofessuren an der Architectural Association in London (UK), der Harvard University und an der Princeton University School of Architecture (US), sowie – seit 2006 – Professorin für Baukonstruktion und Entwerfen an der TU Berlin (DE)

AUSGEWÄHLTE PROJEKTE UND AUSZEICHNUNGEN

2017	Trumpf Smart Factory, Chicago (US)
2016	Büro- und Geschäftsgebäude Bertha Berlin, Berlin (DE)
2016	Serpentine Summer House, London (UK)
2015	Fellows Pavilion, American Academy, Berlin (DE)
2012	Loom-Hyperbolic, Marrakesch (MA)
2010	AIA Honor Awards for Architecture
2009	DAM Preis für Architektur in Deutschland
2007	Korean Civil Engineering | Building Technics Award
2006	TRUTEC Building, Seoul (KR)
2001	Biosphäre (Tropenhaus), Potsdam (DE)
seit 1998	fortlaufend Masterplan Trumpf Campus, Ditzingen (DE)

FRANK BARKOW

1957	Born in Kansas City, Missouri (US)
1982	Bachelor of Architecture, Montana State University, Bozeman (US)
1990	Master of Architecture, Harvard University, Graduate School of Design, Cambridge (US)
1993	Founding of Barkow Leibinger
since 1990	Teaching: amongst others, as visiting professor at Cornell University, Ithaca (US), the École Polytechnique Fédérale de Lausanne, SUI, Harvard University, Cambridge, USA, the Royal College of Art in London (UK) and Princeton University School of Architecture (US)

REGINE LEIBINGER

1963	Born in Stuttgart, Germany (DE)
1989	Diplom, Technische Universität Berlin (DE)
1990	Master of Architecture, Harvard University, Graduate School of Design, Cambridge (US)
1993	Founding of Barkow Leibinger
since 1993	Teaching: amongst others, as visiting professor at the Architectural Association in London (UK), Harvard University, the Princeton University School of Architecture (US) and – since 2006 – as professor for Building Construction and Design at the TU Berlin (DE)

SELECTED PROJECTS AND AWARDS

2017	Trumpf Smart Factory, Chicago (US)
2016	Office and commercial building Bertha Berlin, Berlin (DE)
2016	Serpentine Summer House, London (UK)
2015	Fellows Pavilion, American Academy, Berlin (DE)
2012	Loom-Hyperbolic, Marrakesh (MA)
2010	AIA Honor Awards for Architecture
2009	DAM Award for Architecture in Germany
2007	Korean Civil Engineering | Building Technics Award
2006	TRUTEC Building, Seoul (KR)
2001	Biosphere (palm house), Potsdam (DE)
since 1998	Ongoing master plan Trumpf Campus, Ditzingen (DE)

ELIZABETH DILLER

1954	geboren in Lodz (PL)
1979	Bachelor of Arts in Architecture, Cooper Union School of Architecture (US)
1981	Gründung von Diller Scofidio + Renfro mit Ricardo Scofidio
seit 1991	Lehrtätigkeit, u. a. als Professor für Architectural Design an der Princeton University (US), und – seit 2017 – als Gastprofessor an der Bartlett School of Architecture (UK)

RICARDO SCOFIDIO

1935	geboren in Manhattan, New York (US)
1952–1955	Cooper Union School of Architecture
1960	Bachelor of Architecture, New York Columbia University (US)
1981	Gründung von Diller Scofidio + Renfro mit Elizabeth Diller
seit 1965	Lehrtätigkeit: an der Cooper Union School of Architecture, New York (US), nach der Emeritierung 2007 zum Professor Emeritus ernannt.

AUSGEWÄHLTE PROJEKTE UND AUSZEICHNUNGEN

Aktuell	The Shed, New York (US)
Aktuell	Museum of Modern Art Renovation and Expansion, New York (US)
2018	TIME 100 (Elizabeth Diller)
2018	The Mile-Long Opera, New York (US)
2017	Wall Street Journal Innovator Award
2017	Zaryadye Park, Moscow (RU)
2016	Roy and Diana Vagelos Education Center, New York (US)
2015	The Broad, Los Angeles (US)
2014	High Line, New York (US)
2009	TIME 100 (Elizabeth Diller & Ricardo Scofidio)
2007–2010	Lincoln Center for the Performing Arts campus, New York (US)
2006	Institute of Contemporary Art, Boston (US)
2005	National Design Award in Architecture, Smithsonian Institution
2002	Blur Building, Yverdon-les-Bains (CH)
1999	MacArthur Fellowship in Architecture, MacArthur Foundation

ELIZABETH DILLER

1954	Born in Lodz (PL)
1979	Bachelor of Arts in Architecture, Cooper Union School of Architecture, New York (US)
1981	Founding of Diller Scofidio + Renfro with Ricardo Scofidio
since 1991	Teaching: amongst others, as Professor of Architectural Design at Princeton University (US), and – since 2017 – as visiting professor at the Bartlett School of Architecture (UK)

RICARDO SCOFIDIO

1935	Born in Manhattan, New York (US)
1952–1955	Cooper Union School of Architecture
1960	Bachelor of Architecture, Columbia University (US)
1981	Founding of Diller Scofidio + Renfro with Elizabeth Diller
Since 1965	Teaching: professor of architecture at the Cooper Union School of Architecture (US). Scofidio was elected Professor Emeritus at the Cooper Union following his retirement from teaching in 2007

SELECTED PROJECTS AND AWARDS

Ongoing	The Shed, New York (US)
Ongoing	Museum of Modern Art Renovation and Expansion, New York (US)
2018	TIME 100 (Elizabeth Diller)
2018	The Mile-Long Opera, New York (US)
2017	Wall Street Journal Innovator Award
2017	Zaryadye Park, Moscow (RU)
2016	Roy and Diana Vagelos Education Center, New York (US)
2015	The Broad, Los Angeles (US)
2014	High Line, New York (US)
2009	TIME 100 (Elizabeth Diller & Ricardo Scofidio)
2007–2010	Lincoln Center for the Performing Arts campus, New York (US)
2006	Institute of Contemporary Art, Boston (US)
2005	National Design Award in Architecture, Smithsonian Institution
2002	Blur Building, Yverdon-les-Bains (CH)
1999	MacArthur Fellowship in Architecture, MacArthur Foundation

1961	geboren in Gladsaxe (DK)
1991	Abschluss an der Architekturschule Aarhus (DK)
1991–1992	Studium der Bildhauerei und Keramik an der Rowan University in Glassboro (US)
1991–1996	Henning Larsen Architekten
1995	Gründung von Fuglsang & Mandrup-Poulsen mit Niels Fuglsang
1999	Gründung des eigenen Büros Dorte Mandrup A/S in Kopenhagen (DK)

Neben anderen Tätigkeiten ist sie Vorstandmitglied des Louisiana Museum of Modern Art. Seit 2011 bestelltes Mitglied des Rats für historische Gebäude. Eingeladene Ausstellerin bei der 16. Internationalen Architekturausstellung, La Biennale di Venezia 2018

War Gastprofessorin an zahlreichen Institutionen, zuletzt an der Cornell University, Ithaca, USA, bis Herbst 2018.

AUSGEWÄHLTE PROJEKTE UND AUSZEICHNUNGEN

2017	Wadden Sea Centre, Ribe (DK)
2015	Salling Tower, Aarhus (DK)
2015	Sundbyøster Hall II, Kopenhagen (DK)
2015	IKEA Hubhult, Malmö (SE)
2014	Valencia, Konferenzgebäude, Kopenhagen (DK)
2013	Råå Vorschule, Råå (SE)
2013	Amager Kinderkulturhaus, Kopenhagen (DK)
2009	Lange Eng Cohousing Wohnprojekt, Albertslund (DK)
2009	Gemeindezentrum Herstedlund, Albertslund (DK)
2009	Munkegaard Schule, Gentofte (DK)
2008	C.F.-Hansen-Medaille
2007	Nykredit-Architekturpreis
2006	Jægersborg Water Tower, Jægersborg (DK)
2006	The Crystal – Sport- und Kulturhaus, Kopenhagen (DK)
2001, 2011	Wasserflugzeug-Hangar H53, Kopenhagen (DK)
2001	Træprisen (Dänischer Holzbaupreis)
2001	Nachbarschaftszentrum, Jemtelandsgade, Kopenhagen (DK)

1961	Born in Gladsaxe (DK)
1991	graduated from the Aarhus School of Architecture (DK)
1991–1992	studied sculpture and ceramics at the Rowan University in Glassboro (US)
1991–1996	Henning Larsen Architects
1995	co-founding Fuglsang & Mandrup-Poulsen with Niels Fuglsang
1999	founded her own office Dorte Mandrup A/S in Copenhagen (DK)

Among other professional appointments, board member at Louisiana Museum of Modern Art, since 2011 appointed member of the Historic Buildings Council and invited exhibitor at The 16th International Architecture Exhibition, La Biennale di Venezia 2018

Has been a guest professor at an array of educational insutitions, the latest being Cornell University in Ithaca, USA in fall 2018.

SELECTED PROJECTS AND AWARDS

2017	Wadden Sea Centre, Ribe (DK)
2015	Salling Tower, Aarhus (DK)
2015	Sundbyøster Hall II, Copenhagen (DK)
2015	IKEA Hubhult, Malmö (SE)
2014	Valencia, conference building, Copenhagen (DK)
2013	Råå Preschool, Råå (SE)
2013	Amager Children's Culture House, Copenhagen (DK)
2009	Lange Eng Cohousing Community, Albertslund (DK)
2009	Community Centre Herstedlund, Albertslund (DK)
2009	Munkegaard School, Gentofte (DK)
2008	The C.F. Hansen Medal
2007	The Nykredit Architecture Prize
2006	Jægersborg Water Tower, Jægersborg (DK)
2006	The Crystal – Sport and Culture House, Copenhagen (DK)
2001, 2011	Seaplane Hangar H53, Copenhagen (DK)
2001	The Wood Award (Træprisen)
2001	Neighbourhood Centre, Jemtelandsgade, Copenhagen (DK)

PIERRE JORGE GONZALEZ

	geboren in Paris (FR)
1992	Abschluss in Grafikdesign und Typografie, Lycée Maximilien Vox, Paris (FR)
1994–1996	Diverse Abschlüsse am Conservatoire National des Arts et Métiers (CNAM), Paris (FR)
1998	Abschluss in Szenografie, École Nationale Supérieure des Arts Décoratifs (ENSAD), Paris (FR)
1999	Gründung von Pierre Jorge Gonzalez / Judith Haase AAS in Berlin (DE) und Paris (FR)
seit 2005	Lehrtätigkeit, u.a. Gastprofessur an der Universität für Kunst und Design (HEAD) in Genf (CH)

JUDITH HAASE

	geboren in Bremen (DE)
1996	Architektur-Diplom, Hochschule der Künste, Berlin (DE)
1988–1999	Mitarbeit in verschiedenen Architekturbüros, u.a. William Alsop & John Lyall, Architekten, London (UK), Peter Eisenman Architects, New York (US), Ateliers Jean Nouvel, Paris (FR) sowie Gluckman Mayner Architects, New York (US)
1999	Gründung von Pierre Jorge Gonzalez / Judith Haase AAS in Berlin (DE) und Paris (FR)
seit 2005	Lehrtätigkeit, u.a. Gastprofessur, Universität für Kunst und Design (HEAD) in Genf (CH)

AUSGEWÄHLTE PROJEKTE UND AUSZEICHNUNGEN

2017	Balenciaga Store, Paris (FR)
2016	Restaurant Beets & Roots, Berlin (DE)
2016	Kunstgalerie Berinson, Berlin (DE)
2011	Andreas Murkudis Store, Berlin (DE)
2009	Deutsche Guggenheim Museumsshop, Berlin (DE)

PIERRE JORGE GONZALEZ

	Born in Paris, France (FR)
1992	Graduated in graphic design and typography, Lycée Maximilien Vox, Paris (FR)
1994–1996	Completed various degrees at the Conservatoire National des Arts et Métiers (CNAM), Paris (FR)
1998	Graduated in scenography, École Nationale Supérieure des Arts Décoratifs (ENSAD), Paris (FR)
1999	Established Pierre Jorge Gonzalez / Judith Haase AAS in Berlin, Germany and Paris (FR)
since 2005	Teaching: amongst others as visiting professor at Geneva University of Art and Design (HEAD) (CH)

JUDITH HAASE

	Born in Bremen (DE)
1996	Degree in architecture, Berlin University of the Arts (DE)
1988–1999	Professional experience, amongst others with William Alsop & John Lyall, Architekten, London (UK), Peter Eisenman Architects, New York (US), Ateliers Jean Nouvel, Paris (FR) and Gluckman Mayner Architects, New York (US)
1999	Established Pierre Jorge Gonzalez / Judith Haase AAS in Berlin (DE) and Paris (FR)
since 2005	Teaching: amongst others as visiting professor at Geneva University of Art and Design (HEAD) (CH)

SELECTED PROJECTS AND AWARDS

2017	Balenciaga store, Paris (FR)
2016	Beets & Roots restaurant, Berlin (DE)
2016	Galerie Berinson art gallery, Berlin (DE)
2011	Andreas Murkudis store, Berlin (DE)
2009	Deutsche Guggenheim museum shop, Berlin (DE)

YVONNE FARRELL

	geboren in Tullamore (IR)
1974	Abschluss am University College Dublin (UCD)
1977–2009	Studio-Dozentin am University College Dublin
1978	Gründung von Grafton Architects mit Shelley McNamara
seit 2008	Gastprofessuren an verschiedenen Universitäten weltweit, u.a. an der Harvard Graduate School of Design (US), Yale School of Architecture (US), an der École polytechnique fédérale de Lausanne (CH)
seit 2013	Professorin an der Accademia di Architettura, Mendrisio (CH)
seit 2015	außerplanmäßige Professorin am University College Dublin (UCD)

SHELLEY MCNAMARA

	geboren in Lisdoonvarna im County Clare (IR)
1974	Abschluss am University College Dublin
1977–2009	Studio-Dozentin am University College Dublin
1978	Gründung von Grafton Architects mit Yvonne Farrell
seit 2008	Gastprofessuren an verschiedenen Universitäten weltweit, u.a. an der Harvard Graduate School of Design (US), Yale School of Architecture (US), an der École polytechnique fédérale de Lausanne (CH)
seit 2013	Professorin an der Accademia d'Architettura, Mendrisio (CH)
seit 2015	außerplanmäßige Professorin am University College Dublin (UCD)

AUSGEWÄHLTE PROJEKTE UND AUSZEICHNUNGEN

2016	RIBA Internationaler Preis 2016
2015	Neuer Universitätscampus für die UTEC Lima (PE) (mit Shell Arquitectos)
2012	Medizinische Fakultät, Studentenwohnungen, Piazza und Pergola, Limerick (IR)
2012	Silberner Löwe, Biennale di Venezia
2008	Luigi Bocconi Universität, Mailand (IT)
2007	Solstice Kunstzentrum, Navan (IR)
2006	Milford Schule, Donega (IR)
2003	Mies van der Rohe Award

YVONNE FARRELL

	Born in Tullamore, Co. Offaly (IR)
1974	Graduated from University College Dublin (UCD)
1977–2009	Studio Lecturer at University College Dublin
1978	Co-founded Grafton Architects with Shelley McNamara
since 2008	Visiting professor in different international institutions, amongst others, at Harvard Graduate School of Design (US), Yale School of Architecture (US), at École polytechnique fédérale de Lausanne (CH)
since 2013	Professor at Accademia d'Archittettura, Mendrisio (CH)
since 2015	Adjunct professor at University College Dublin (UCD)

SHELLEY MCNAMARA

	Born in Lisdoonvara, Co. Clare in County Clare (IR)
1974	Graduated from University College Dublin
1977–2009	Studio Lecturer at University College Dublin
1978	Co-founded Grafton Architects with Yvonne Farrell
since 2008	Visiting professor in different international Institutions, amongst others, at Harvard Graduate School of Design (US), Yale School of Architecture (US), at École polytechnique fédérale de Lausanne (CH)
since 2013	Professor at Accademia d'Archittettura, Mendrisio (CH)
since 2015	Adjunct professor at University College Dublin (UCD)

SELECTED PROJECTS AND AWARDS

2016	RIBA International Prize 2016
2015	New University Campus for UTEC Lima (PE) (with Shell Arquitectos)
2012	Medical School, Student Housing, Piazza and Pergola, Limerick (IR)
2012	The Silver Lion, Venice Biennale
2008	Universita Luigi Bocconi, Milan (IT)
2007	Solstice Arts Centre, Navan (IR)
2006	Milford School, Donegal (IR)
2003	Mies van der Rohe Award

1964	geboren in Schiedam (NL)
1988	Architekturdiplom, Technische Universität Delft (NL)
1992	Master-Abschluss in Architektur, Berlage Institute, Rotterdam (NL)
seit 1996	bei OMA (Office for Metropolitan Architecture), verantwortlich für Bau- und Masterplanprojekte in Europa, Russland und dem Nahen Osten
2002	Mitbegründer von AMO, OMAs Denkfabrik, verantwortlich für Konzeptionen, Publikationen und Ausstellungen
2010–2013	Mitentwicklung Konzept und Lehrplan des Strelka Institute for Media, Architecture and Design in Moskau (RU)
2017	Buchveröffentlichung »Four Walls and a Roof«
2017–2018	John T. Dunlop Design Critic in Architecture and Urban Design at the Harvard Graduate School of Design, Cambridge (US)
2018–2019	Sir Arthur Marshall Visiting Professor of Urban Design an der Architekturfakultät der University of Cambridge (UK)

AUSGEWÄHLTE PROJEKTE (OMA)

Aktuell	Bajes Kwartier, Amsterdam (NL)
Aktuell	Morden Wharf Mixed Use Development, London (UK)
Aktuell	Norra Tornen, Stockholm (SE)
Aktuell	RAI NHow Hotel, Amsterdam (NL)
2016	Design Museum, London (UK)
2016	Holland Green, London (UK)
2015	Timmerhuis, Rotterdam (NL)
2014	G-Star Raw HQ, Amsterdam (NL)
2013	De Rotterdam, Rotterdam (NL)
2007	Kazakhstan Naukograd Technopolis, Almaty (KZ)
2007	Nuova Bovisa Masterplan, Mailand (IT)
2002	The Image of Europe (AMO)

1964	Born in Schiedam (NL)
1988	Graduates from Delft University (NL)
1992	Graduates from the Berlage Institute, Rotterdam (NL)
1996	Joins OMA (Office for Metropolitan Architecture), responsible for building and master-planning projects in Europe, Russia, and the Middle East
2002	Co-founds AMO, OMA's think tank, responsible for concepts, publications and exhibitions
2010–2013	Co-develops the concept and curriculum of the Strelka Institute for Media, Architecture and Design in Moscow (RU)
2017	Publishes »Four Walls and a Roof«
2018–2019	John T. Dunlop Design Critic in Architecture and Urban Design at the Harvard Graduate School of Design, Cambridge (US)
2018–2019	Sir Arthur Marshall Visiting Professor of Urban Design at the Department of Architecture of the University of Cambridge (UK)

SELECTED PROJECTS (OMA)

Ongoing	Bajes Kwartier, Amsterdam (NL)
Ongoing	Morden Wharf Mixed Use Development, London (UK)
Ongoing	Norra Tornen, Stockholm (SE)
Ongoing	RAI NHow Hotel, Amsterdam (NL)
2016	Design Museum, London (UK)
2016	Holland Green, London (UK)
2015	Timmerhuis, Rotterdam (NL)
2014	G-Star Raw HQ, Amsterdam (NL)
2013	De Rotterdam, Rotterdam (NL)
2007	Kazakhstan Naukograd Technopolis, Almaty (KZ)
2007	Nuova Bovisa Masterplan, Milan (IT)
2002	The Image of Europe (AMO)

1951	geboren in Valencia (ES)
1968–1979	Ausbildung an der Kunstgewerbeschule, Valencia (ES) Studium an der Escuela Técnica Superior de Arquitectura de Valencia (ES) sowie der Eidgenössischen Technischen Hochschule (ETH), Zürich (CH)
1981	Promotion in technischer Wissenschaft, ETH Zürich, Departement Architektur
1981	Gründung seines ersten Architektur- und Ingenieurbüros in Zürich (CH)
seit 1981	zahlreiche Vorlesungen und Lehrtätigkeiten, u.a. als Gastprofessor an der ETH Architecture Department in Zürich und der School of Architecture and Design, Massachusetts Institute of Technology in Cambridge (US)

AUSGEWÄHLTE PROJEKTE UND AUSZEICHNUNGEN

2016	World Trade Center Transportation Hub, New York (US)
2015	Museu do Amanhã, Rio de Janeiro (BR)
2012	Nationalmedaille des AIA
2009	Bahnhof Liège-Guillemins, Lüttich (BE)
2006	Opernhaus Palau de les Arts Reina Sofia, Valencia (ES)
2005	Hochhaus Turning Torso, Malmö (SE)
2005	Goldmedaille des AIA
2005	Eugene McDermott Award in the Arts des MIT
2005	Leonardo-da-Vinci-Medaille des SEFI
2005	Premio Nacional de Arquitectura
2004	Olympia-Sportkomplex, Athen (GR)
2003	Grande Médaille d'Or d'Architecture der Académie d'Architecture de France
2002	Milwaukee Art Museum, Milwaukee, Wisconsin (US)
2000	Pont de l'Europe, Orléans (FR)
2000	Flughafen Bilbao, Bilbao (ES)
2000	Ciudad de las Artes y de las Ciencias, Valencia (ES)
1998	Bahnhof Oriente, Lissabon (PT)
1994	Bahnhof Lyon Saint-Exupéry TGV, Lyon (FR)
1990	Bahnhof Zürich Stadelhofen, Zürich (CH)

1951	Born in Valencia (ES)
1968–1979	Academic studies at the School of Arts and Crafts, Valencia (ES); the Escuela Técnica Superior de Arquitectura de Valencia (ES), followed by postgraduate studies in urbanism; civil engineering at the Eidgenössische Technische Hochschule (ETH), Zurich (CH)
1981	Doctorate in Technical Science at ETH Zurich, Department of Architecture, Zurich (CH)
1981	First architectural and engineering practice established in Zurich (CH)
since 1981	Multiple lectures and teaching: amongst others as visiting professor at ETH Architecture Department in Zurich (CH) and at the School of Architecture and Design, Massachusetts Institute of Technology, Cambridge (US)

SELECTED PROJECTS AND AWARDS

2016	World Trade Center Transportation Hub, New York, New York (US)
2015	Museum of Tomorrow, Rio de Janeiro (BR)
2012	AIA National Medal
2009	Liège-Guillemins TGV Railway Station, Liège (BE)
2006	Palau de les Arts Reina Sofia Opera House, Valencia (ES)
2005	AIA Gold Medal
2005	Premio Nacional de Arquitectura
2005	Eugene McDermott Award in the Arts of the MIT
2005	Leonardo da Vinci Medal of the SEFI
2005	Turning Torso, Malmö (SE)
2004	Olympic Sports Complex, Athens (GR)
2003	Grande Médaille d'Or d'Architecture of the Académie d'Architecture de France
2002	Milwaukee Art Museum, Milwaukee, Wisconsin (US)
2000	Pont de l'Europe, Orléans (FR)
2000	Bilbao Airport, Bilbao (ES)
2000	City of Arts and Sciences, Valencia (ES)
1998	Oriente Station, Lisbon (PT)
1994	Lyon Saint-Exupéry Airport Railway Station, Lyon (FR)
1990	Stadelhofen Station, Zurich (CH)

JOSÉ SELGAS

1965	geboren in Madrid (ES)
1992	Architekturabschluss an der ETSA Madrid (ES)
1994–1995	Mitarbeit bei Francesco Venecia in Neapel (IT)
1997–1998	Premio Roma de la Academia de Bellas Artes de Roma, Rom-Stipendium (IT)
1998	Gründung von selgascano in Madrid (ES)

LUCÍA CANO

1965	geboren in Madrid (ES)
1992	Architekturabschluss an der ETSA Madrid (ES)
1992–1996	Mitarbeit bei Julia Cano Lasso in Madrid (ES)
1997–2003	Mitarbeit bei Cano Lasso Studio in Madrid (ES)
1998	Gründung von selgascano in Madrid (ES)

AUSGEWÄHLTE PROJEKTE UND AUSZEICHNUNGEN

Aktuell	This is L.A., office building, Los Angeles (US)
Aktuell	Second Home 2 offices and residences, London (UK)
2016	Second Home Plus London office, London (UK)
2016	Librería, Buchladen auf der Hanbury Street, London (UK)
2015	Serpentine-Pavillon, London (UK)
2015	Plasencia Auditorium und Kongresszentrum, Plasencia (ES)
2016	Second Home London office, London (UK)
2014	Konokono Impf- und Lehrklinik, Turkana (KE)
2013	Kunstpreis Berlin (Sektion Kunstpreis Architektur)
2011	Youth Factory, Mérida (ES)
2010	Cartagena Auditorium und Kongresszentrum, Cartagena (ES)
2009	Studio in the Woods, Madrid (ES)
2006	Badajoz Auditorium und Kongresszentrum, Badajoz (ES)
2006	Silicon House, Madrid (ES)

JOSÉ SELGAS

1965	Born in Madrid (ES)
1992	Graduated Architect from ETSA Madrid (ES)
1994–1995	Worked with Francesco Venecia in Naples (IT)
1997–1998	Premio Roma de la Academia de Bellas Artes de Roma, Scholarship in Rome (IT)
1998	selgascano established in Madrid (ES)

LUCÍA CANO

1965	Born in Madrid (ES)
1992	Graduated Architect from ETSA Madrid (ES)
1992–1996	Worked with Julio Cano Lasso in Madrid (ES)
1997–2003	Member of Cano Lasso Studio in Madrid (ES)
1998	selgascano established in Madrid (ES)

SELECTED PROJECTS AND AWARDS

Ongoing	This is L.A., office building, Los Angeles (US)
Ongoing	Second Home 2 offices and residences, London (UK)
2016	Second Home Plus London office, London (UK)
2016	Librería, Bookshop Hanbury Street, London (UK)
2015	Serpentine Gallery Pavilion, London (UK)
2015	Plasencia Auditorium and Congress Centre, Plasencia (ES)
2016	Second Home London office, London (UK)
2014	Konokono Vaccination and Educational Clinic, Turkana (KE)
2013	Berliner Kunstpreis (art prize architecture section)
2011	Youth Factory, Mérida (ES)
2010	Cartagena Auditorium and Congress Centre, Cartagena (ES)
2009	Studio in the Woods, Madrid (ES)
2006	Badajoz Auditorium and Congress Centre, Badajoz (ES)
2006	Silicon House, Madrid (ES)

1958	geboren in Haugesund (NO)
1985	Abschluss als Diplom-Ingenieur der Architektur, TU Graz (AT)
1982–1983	Mitarbeit bei Arbeidsgruppen Hus, Bergen (NO)
1983–1984	Mitarbeit bei Ralf Erskine, Stockholm (SE)
1985	Gründung des eigenen Büros
1987	Gründung »the Snøhetta collective«
1989	Gründung Snøhetta als mitgründender Partner
seit 2004	Lehrtätigkeiten, u.a. als Professor an der Universität Innsbruck (AT)

1958	Born in Haugesund (NO)
1985	Master of Engineering in Architecture, Technical University of Graz (AT)
1982–1983	Joined Arbeidsgruppen Hus, Bergen (NO)
1983–1984	Joined Ralf Erskine's office, Stockholm (SE)
1985	Founding of private practice
1987	»the Snøhetta collective« was established
1989	Snøhetta founding partner
since 2004	Teaching: amongst others as professor at the University of Innsbruck (AT)

AUSGEWÄHLTE PROJEKTE UND AUSZEICHNUNGEN

Aktuell	Busan Opernhaus, Busan (KR)
2018	King Abdulaziz Center for World Culture, Kulturzentrum, Dhahran (SA)
2017	Times Square, Rekonstruktion, New York (US)
2017	The 7th Room, Baumhaus, Harads (SE)
2016	Lascaux IV: Centre International d'Art Parietal, Höhlenmuseum, Montignac (FR)
2015	WAN Sustainable Buildings Award
2015	Nationalparks in Norwegen, Brand Design, Visuelle Identität, Wegeführung und Beschilderung
2015	Ryerson University Student Learning Centre, Toronto (CA)
2014	MIPIM Award, Best Futura Project
2010	European Prize for Urban Public Space
2009	Mies van der Rohe Award
2008	Opernhaus, Oslo (NO)
2007	Serpentine-Pavillon, London (UK)
2004	Aga Khan Award für Architektur
2001	Bibliotheca Alexandrina (EG)
2001	Norwegische Botschaft, Berlin (DE)

SELECTED PROJECTS AND AWARDS (SNØHETTA)

Ongoing	Busan Opera House, Busan (KR)
2018	King Abdulaziz Center for World Culture, Dhahran (SA)
2017	Times Square Reconstruction, New York (US)
2017	The 7th Room, Treehotel, Harads (SE)
2016	Lascaux IV: The International Centre for Cave Art, Montignac (FR)
2015	WAN Sustainable Buildings Award
2015	National Parks in Norway, brand design, visual identity, route planning and signage
2015	Ryerson University Student Learning Centre, Toronto (CA)
2014	MIPIM Award, Best Futura Project
2010	European Prize for Urban Public Space
2009	Mies van der Rohe Award
2008	Norwegian National Opera and Ballet, Oslo (NO)
2007	Serpentine Gallery Pavilion, London (UK)
2004	Aga Khan Award for Architecture
2001	Bibliotheca Alexandrina (EG)
2001	Norwegian Embassy, Berlin (DE)

1952	geboren in Porto (PT)
1974–1980	Mitarbeit in Architekturbüros von Noé Diniz, Álvaro Siza und Fernandes de Sá
1980	Architekturabschluss an der Hochschule der Künste von Porto (ESBAP) (PT)
Seit 1980	eigenes Büro
Seit 1981	Lehrtätigkeit, Gastprofessuren an verschiedenen Hochschulen, u.a. an der École Nationale Supérieure d'Architecture de Paris-Belleville (FR); an der Harvard University Graduate School of Design, Cambridge (US) sowie an der École polytechnique fédérale de Lausanne (CH)

1952	Born in Porto (PT)
1974	Working in architecture offices like Noé Diniz, Álvaro Siza, Fernandes de Sá
1980	Graduated from the School of Architecture of Porto (ESBAP) (PT)
Since 1980	Own office
since 1981	Teaching, amongst others as visiting professor at Ecole Nationale Supérieure d'Architecture de Paris-Belleville (FR); Harvard University Graduate School of Design, Cambridge (US) and at the École polytechnique fédérale de Lausanne (CH)

AUSGEWÄHLTE PROJEKTE UND AUSZEICHNUNGEN

2017	Piranesi Prix De Rome Career Achievement Award
2016	Architekturpreis Iberoamericano, X BIAU, Saõ Paulo (BR)
2015	Weinkellerei Colinas do Douro, Figueira de Castelo Rodrigo (PT)
2012	Umwandlung der Zisterzienserinnenabtei Bernardas in Häuser, Tavira (PT)
2011	Espaço Miguel Torga, São Martinho de Anta Sabrosa (PT)
2011	Pritzker-Preis
2011	Wohnhäuser, Sete Cidades, Azoren (PT) (mit Adriano Pimenta)
2010	Weinkellerei in Valpaços, Valpaços (PT)
2009	Casa das Histórias Paula Rego, Museum, Cascais bei Lissabon (PT)
2008	Modern Contemporary Art Museum in Bragança (PT)
2005	Serpentine-Pavillon, London (UK) (mit Álvaro Siza)
2003	Braga-Stadion, Euro 2004, Braga (PT)
2000	Portugiesischer Pavillon zur Expo Hannover (DE) (mit Álvaro Siza)
1998	Entwurf des Portugiesischen Pavillons zur Expo '98, Lissabon (PT)

SELECTED PROJECTS AND AWARDS

2017	Piranesi Prix De Rome Career Achievement Award
2016	Architecture Award Iberoamericano, X BIAU, S. Paulo (BR)
2015	Wine cellar Colinas do Douro, Figueira de Castelo Rodrigo (PT)
2012	Conversion of Convent of Bernardas into houses, Tavira (PT)
2011	Espaço Miguel Torga, São Martinho de Anta Sabrosa (PT)
2011	Pritzker Architecture Prize
2011	Residential buildings, Sete Cidades, Azores (PT) (with Adriano Pimenta)
2010	Winery in Valpaços, Valpaços (PT)
2009	Casa das Histórias Paula Rego, museum, Cascais near Lisbon (PT)
2008	Graça Morais Contemporary Art Museum in Bragança (PT)
2005	Serpentine Gallery Pavilion, London (UK) (with Álvaro Siza)
2003	Braga Stadium, Euro 2004, Braga (PT)
2000	Portuguese Pavilion in Expo Hannover (DE) (with Álvaro Siza Viera)
1998	Design of the Portuguese Pavilion in Expo '98, Lisbon (PT)

TOYO ITO

1941	geboren in Seoul (SK)
1965	Abschluss an der Universität Tokio, Abteilung für Architektur, Tokio (JP)
1971	Gründung des eigenen Büros Urban Robot (URBOT), in Tokio (JP)
1979	Büroname geändert zu Toyo Ito & Associates, Architects

AUSGEWÄHLTE PROJEKTE UND AUSZEICHNUNGEN

2017	Goldmedaille der International Union of Architects (UIA)
2016	National Taichung Theater, Taichung (TW)
2016	Museo Internacional del Barroco, Puebla (MX)
2016	Großer Preis des Architekturinstituts von Japan
2015	Minna no Mori Gifu Media Cosmos, Gifu (JP)
2013	National Taiwan University, Fakultät für Sozialwissenschaften, Taipei (TW)
2013	Pritzker-Preis
2012	Goldener Löwe für den besten nationalen Beitrag, Venedig Biennale
2011	Toyo Ito Architekturmuseum, Imabari, Ehime (JP)
2010	Praemium Imperiale der Japan Art Association zu Ehren von Prinz Takamatsu
2010	Torres Porta Fira, Barcelona (ES)
2009	Asahi-Preis
2009	Kaohsiung-Nationalstadion, Kaohsiung (TW)
2008	Za-Koenji Public Theatre, Tokio (JP)
2007	Bibliothek der Kunsthochschule Tama, Hachioji Campus, Tokio (JP)
2006	Königliche Goldmedaille des Royal Institute of British Architects
2006	Krankenhaus Cognacq-Jay, Paris (FR)
2006	Meiso no Mori Städtische Friedhofshalle, Gifu (JP)
2004	TOD'S Omotesando Gebäude, Tokio (JP)
2002	Goldener Löwe für sein Lebenswerk, Venedig Biennale
2002	Serpentine-Pavillon, London (UK)
2001	Sendai Mediatheque, Miyagi (JP)

1941	Born in Seoul (SK)
1965	Graduated from the University of Tokyo, Department of Architecture, Tokyo (JP)
1971	Started his own studio, Urban Robot (URBOT), in Tokyo (JP)
1979	Changed name of the studio to Toyo Ito & Associates, Architects

SELECTED PROJECTS AND AWARDS

2017	Gold Medal of the International Union of Architects (UIA)
2016	National Taichung Theater, Taichung (TW)
2016	Museo Internacional del Barroco, Puebla (MX)
2016	The Grand Prize of Architectural Institute of Japan
2015	Minna no Mori Gifu Media Cosmos, Gifu (JP)
2013	National Taiwan University, College of Social Sciences, Taipei (TW)
2013	Pritzker Architecture Prize
2012	Golden Lion for Best National Participation, Venice Biennale
2011	Toyo Ito Museum of Architecture, Imabari, Ehime (JP)
2010	Praemium Imperiale of the Japan Art Association in honor of Prince Takamatsu
2010	Torres Porta Fira, Barcelona (ES)
2009	The Asahi Prize
2009	Kaohsiung National Stadium, Kaohsiung (TW)
2008	Za-Koenji Public Theatre, Tokyo (JP)
2007	Tama Art University Library, Hachioji campus, Tokyo (JP)
2006	Royal Gold Medal from The Royal Institute of British Architects
2006	Hospital Cognacq-Jay, Paris (FR)
2006	Meiso no Mori Municipal Funeral Hall, Gifu (JP)
2004	TOD'S Omotesando Building, Tokyo (JP)
2002	Golden Lion for Lifetime Achievement, Venice Biennale
2002	Serpentine Gallery Pavilion, London (UK)
2001	Sendai Mediatheque, Miyagi (JP)

SABINE DREY
studierte Architektur an der Technischen Universität München und an der Escuela Técnica Superior de Arquitectura in Sevilla. Nach dem Studium arbeitete sie zunächst freiberuflich in der CAD-Abteilung der Zeitschrift Detail und im Architekturbüro. Einige Jahre später wechselte sie als festes Mitglied in die Redaktion Detail, wo sie sich derzeit neben den Inhalten der Zeitschrift, dem Cover und der Grafik der Sonderausgaben widmet.

ANDREAS GABRIEL
studierte Architektur in Stuttgart. Nach langjähriger Tätigkeit als Architekt in sämtlichen Leistungsphasen wechselte er 1998 in die Redaktion Detail und war an der Konzeption und Umsetzung von Themenheften und baukonstruktiven Fachbüchern sowie neuer Heftprofile beteiligt.

SANDRA HOFMEISTER
ist Chefredakteurin von Detail. Sie studierte Kunstgeschichte an der Freien Universität Berlin und promovierte an der Ludwig-Maximilians-Universität München. Bevor sie 2016 zu Detail wechselte, war sie als Moderatorin, Publizistin und Journalistin für verschiedene deutsch- und englischsprachige Zeitschriften, Zeitungen und Buchverlage tätig.

FRANK KALTENBACH
schloss sein Architekturstudium an der Universität Stuttgart mit Diplom ab und arbeitete anschließend in international tätigen Architekturbüros im In- und Ausland. Seit 1998 ist er Redakteur bei Detail.

PETER POPP
ist seit 2011 Redakteur der internationalen Fachzeitschrift Detail. Seit 2015 konzipiert er das neue Printmagazin Detail inside und steuert die redaktionelle Umsetzung. Er hat Architektur an der TU München und TH Darmstadt studiert, sowie Journalismus am Institut für Journalistik und Kommunikationsforschung in Hannover. Nach seinem Studium arbeitete er in verschiedenen Architekturbüros in München, Darmstadt und Nürnberg. Als Filmemacher hat Peter Popp seit 2001 außerdem Architekturfilme für Detail und externe Auftraggeber realisiert.

CHRISTIAN SCHITTICH
studierte Architektur an der Technischen Universität München. Nach einigen Jahren Büropraxis und publizistischer Tätigkeit wechselte er 1991 in die Redaktion Detail. Von 1998 bis 2016 war er Chefredakteur von Detail und entwickelte die Zeitschrift in dieser Zeit zu einer der international führenden Fachzeitschriften für Architekten und Bauingenieure.

JAKOB SCHOOF
ist stellvertretender Chefredakteur von Detail. Er studierte Architektur in Karlsruhe sowie Sant Cugat del Vallès (ES) und arbeitete danach von 2000 bis 2009 bei der Architekturzeitschrift AIT. 2009 wechselte er zu Detail und verantwortet dort seither die Themenausgaben und -specials zu Themen der Energieeffizienz und Nachhaltigkeit (Detail Green).

SABINE DREY
studied architecture at the Technical University of Munich and at the Seville School of Architecture. After completing her studies, she initially freelanced in the CAD department of the journal Detail and for an architectural studio. A few years later, she joined the Detail editorial team as a permanent member, where she is currently applying herself to the journal's content as well as the covers and graphics of special editions.

ANDREAS GABRIEL
studied architecture in Stuttgart. After many years of working as an architect in all service phases, he joined the Detail editorial team in 1998 and was involved in the conception and implementation of thematic issues and construction-based textbooks as well as new journal profiles.

SANDRA HOFMEISTER
is the editor-in-chief of Detail. She studied art history at the Free University of Berlin and received a doctorate from the Ludwig Maximilian University of Munich. Before joining Detail in 2016, she worked as a presenter, publicist and journalist for various German- and English-language magazines, newspapers and book publishers.

FRANK KALTENBACH
completed his architecture studies at the University of Stuttgart with a degree (Diplom) and then worked for international architecture firms in Germany and abroad. He has been an editor with Detail since 1998.

PETER POPP
has been an editor with the international journal Detail since 2011. For two years now, he has been in charge of planning and implementing the new print magazine Detail inside. He studied architecture in Munich and Darmstadt as well as journalism in Hanover. Following his studies, he worked for several architectural offices in Munich, Darmstadt and Nuremberg. Since 2001, Peter Popp has also directed architectural films for Detail and external clients.

CHRISTIAN SCHITTICH
studied architecture at the Technical University of Munich. After several years of studio and journalist work, he joined the Detail editorial team in 1991. From 1998 to 2016, he was the editor-in-chief of Detail and developed it into a leading international journal for architects and civil engineers.

JAKOB SCHOOF
is the deputy editor-in-chief of Detail. He studied architecture in Karlsruhe and Sant Cugat del Vallès (Spain) and then worked for the architecture magazine AIT from 2000 to 2009. In 2009 he joined Detail, where he has since been responsible for thematic editions and specials on the topics of energy efficiency and sustainability (Detail Green).

BILDNACHWEIS

Allen, die durch Überlassung ihrer Bildvorlagen, durch Erteilung von Reproduktionserlaubnissen und durch Auskünfte am Zustandekommen des Buches mitgeholfen haben, sagt der Verlag aufrichtigen Dank. Sämtliche Zeichnungen in diesem Werk sind eigens angefertigt oder stammen aus den Archiven der Architekten. Trotz intensiver Bemühungen konnten wir einige Urheber der Abbildungen nicht ermitteln, die Urheberrechte sind aber gewahrt. Wir bitten um dementsprechende Nachricht.

FG+SG fotografía de arquitectura	11
Duccio Malagamba	24/25 links/left, 26–30 oben/top, 31–33
Àlvaro Siza	25 rechts/right, 30 unten/bottom
Andreas Gabriel	35
Balmond Studio	46/47
Alex Fradkin	48/49
Balmond Studio	49 rechts/right, 50
Iwan Baan	51
Corinne Rose	53 oben/top
Christian Richters	64/65
Ina Reinecke / Barkow Leibinger	66/67
Frank Kaltenbach	68, 69
Simon Menges	70, 71
Geordie Wood	73
Joel Sternfeld	82
Christian Schittich	83 oben/top
Iwan Baan	83 unten/bottom, 84, 86–89
Hufton + Crow	85
Dorte Mandrup A/S	91
Adam Mørk	102–105, 108–111
Torben Eskerod	106, 107
Casper Sejersen	113
Thomas Meyer / Ostkreuz	122–129
Gonzalez Haase AAS	130, 131
Andrea Avezzù, Courtesy of La Biennale di Venezia	133
Paolo Tonato / Università Bocconi	140/141
Grafton Architects	141 rechts/right
Grafton Architects / Federico Brunetti	142/143
Beatrice Pedrotti	144
Shelley McNamara	145, 147
Yvonne Farrell	146
Italo Rondinella, Courtesy of La Biennale di Venezia	148, 149
Andrea Avezzù, Courtesy of La Biennale di Venezia	150/151

All photos OMA: © VG Bild-Kunst, Bonn 2018

Courtesy OMA / Ekaterina Izmestieva	153
Courtesy OMA / Vasiliy Babourov	166
Courtesy OMA / Iwan Baan	167 oben/top
Courtesy OMA / Vasiliy Babourov	167 unten/bottom
Delfino Sisto Legnani & Marco Cappelletti, Courtesy of OMA	168, 169
Frank Kaltenbach	170
Gravity Road	171
Ossip van Duivenbode	172, 173
Bas Princen/Fondazione Prada	174, 175
Frank Kaltenbach	176
Delfino Sisto Legnani, Marco Cappelletti, Courtesy Fondazione Prada	177
Andreas Gabriel	179

All photos and drawings SANTIAGO CALATRAVA VALLS: © VG Bild-Kunst, Bonn 2018

Santiago Calatrava	190, 197 unten/bottom
Christian Schittich	191–193
Monika Nikolic/artur	194, 195
Palladium	196, 197 oben/top

All photos selgascano: © VG Bild-Kunst, Bonn 2018

selgascano	199

PICTURE CREDITS

The publisher would like to thank all those who have assisted in the production of this book, be it through providing photos or artwork, or granting permission to reproduce their documents, or providing other information. All the drawings were specially produced for this publication or taken from the archives of the architects. Despite intensive endeavours, we were unable to establish copyright ownership in some cases; however, copyright is assured. Please notify us accordingly in such instances.

Hisao Suzuki	206
Roland Halbe	207
Iwan Baan	208, 209
Frank Kaltenbach	210, 211
Iwan Baan	212, 213
Yury Soldatov	215
Gerald Zugmann	228, 229
Jiri Havran	230, 231
Younes Bounhar & Amanda Large, doublespace photography	232
Lorne Bridgman	233
Jean-François Tremege	234, 235
Boegly + Grazia	236, 237
Firas Al Raisi, Luminosity Productions	238, 239
Ibrahim Chaoul	240
King Abdulaziz Center for World Culture	241
Sofía Moro/El País	243
Luís Ferreira Alves	252, 253
Christian Richters	254 oben/top
Eduardo Souto de Moura	254 unten/bottom
Udo Meinel	255
Luís Ferreira Alves	256–261, 263
João Morgado	262
Duccio Malagamba	264, 265
Toyo Ito & Associates, Architects	267, 280 links/left
Shinkenchiku-sha	280–283
©Ishiguro Photographic Institute	284, 285
Toyo Ito & Associates, Architects	286
Christian Schittich	287
Kai Nakamura	288
Iwan Baan	289, 290 unten/bottom
Daici Ano	290 oben/top
Kai Nakamura	291

Herausgeberin *Editor*
Sandra Hofmeister

Autoren *Authors*
Sabine Drey, Andreas Gabriel, Sandra Hofmeister, Frank Kaltenbach, Peter Popp, Christian Schittich, Jakob Schoof

Projektleitung *Project management*
Nicola Brower, Sandra Hofmeister

Lektorat (Deutsch) *Copy editing (German)*
Jana Rackwitz

Lektorat (Englisch) *Copy editing (English)*
Alisa Kotmair

Übersetzung *Translation*
Stefan Widdess

Transkriptionen (Englisch) *Transcriptions (English)*
Lori Schindler

Schlusskorrektur *Proofreading*
Katrin Pollems-Braunfels (Deutsch / German)
Roderick O'Donovan (Englisch / English)

Gestaltung *Design*
Wiegand von Hartmann GbR
Sophie von Hartmann, Moritz Wiegand

Herstellung *DTP*
Roswitha Siegler

Reproduktion *Reproduction*
ludwig:media, Zell am See

Druck und Bindung *Printing and binding*
Kösel GmbH & Co. KG, Altusried-Krugzell

FSC www.fsc.org
MIX
Papier aus verantwortungsvollen Quellen
FSC® C013736

Die für dieses Buch verwendeten FSC-zertifizierten Papiere werden aus Fasern hergestellt, die nachweislich aus umwelt- und sozialverträglicher Herkunft stammen.
The FSC-certified paper used for this book is manufactured from fibres originating from environmentally and socially compatible sources.

DETAIL Business Information GmbH, München
detail.de
detail-online.com

ISBN: 978-3-95553-427-1 (Print)
ISBN: 978-3-95553-428-8 (E-Book)
ISBN: 978-3-95553-429-5 (Bundle)

Bibliografische Information der Deutschen Nationalbibliothek: Die Deutsche Nationalbibliothek verzeichnet diese Publikation in der Deutschen Nationalbibliografie; detaillierte bibliografische Daten sind im Internet über http://dnb.d-nb.de abrufbar.

Bibliographical information published by the German National Library. The German National Library lists this publication in the Deutsche Nationalbibliografie; detailed bibliographical data are available on the Internet at http://dnb.d-nb.de.

Die CO_2-Emissionen dieser Publikation, die bei der Produktion des Papieres, beim Drucken, Binden und den Transporten anfielen, wurden über die Klimainitiative des Bundesverbandes Druck und Medien e. V. durch first climate-Zertifikate zu 100 % ausgeglichen.